DUMONT
杜蒙·阅途

附赠地图

圣托里尼岛

德国梅尔杜蒙公司 编著
吴熙璐 译

北京出版集团
北京出版社

书名原文：Santorin

图书在版编目（CIP）数据

圣托里尼岛 / 德国梅尔杜蒙公司编著 ；吴熙璐译. —
北京 ：北京出版社，2020.5
（杜蒙·阅途）
书名原文： Santorin
ISBN 978-7-200-15488-7

Ⅰ. ①圣… Ⅱ. ①德… ②吴… Ⅲ. ①旅游指南—希腊
Ⅳ. ①K954.59

中国版本图书馆 CIP 数据核字（2020）第 037502 号

图　字：01-2019-7631 号　　　审图号：GS（2019）5244 号

责任编辑：黄雯雯
执行编辑：张　桐
封面设计：魏建欣
责任印制：武绽蕾

杜蒙·阅途
圣托里尼岛
SHENGTUOLINI DAO
德国梅尔杜蒙公司　编著
吴熙璐　译
*
北京出版集团
北京出版社　出版
（北京北三环中路 6 号）
邮政编码：100120

网　址：www.bph.com.cn
北京出版集团公司总发行
新华书店经销
天津市银博印刷集团有限公司印刷
*
787 毫米 ×1092 毫米　32 开本　4.125 印张　138 千字
2020 年 5 月第 1 版　2020 年 5 月第 1 次印刷

ISBN 978-7-200-15488-7
定价：52.00 元
如有印装质量问题，由本社负责调换
质量监督电话：010-58572393

来自德国的问候

预祝您拥有一个美好假期！

亲爱的读者：

或许您会问自己，为何您买了一本德国而非本国制作的旅行指南？但请放心，您已经为此做出了一个正确而又明智的选择。

在2012年中国取得全球旅行冠军之前，该头衔一直被德国保持。对于德国这样一个“小国家”来说，这是令人惊叹的！原因可能是，自1950年开始，旅行的梦想对于广大的德国人来说开始变得更为现实。因此，梅尔杜蒙在与北京出版集团的合作中茁壮成长。

“梅尔杜蒙”的故事是一个了不起的故事，从充满冒险的旅程到成为家族的旅行事业，直至今天已传承三代，现由创始人的孙女继续领航这一成功之旅。如今的“梅尔杜蒙”已是欧洲旅游产品领域遥遥领先的品牌。

手握这样一本旅行指南，您可以高枕无忧。请您相信，无论您要去的是世界的哪个地方，梅尔杜蒙近百年的专业经验以及适合中国旅行者的本土化信息，都可以帮您更精确地了解旅行目的地。

请您开始一段全新的奇遇之旅吧！

这本书会是一个随时陪伴您的伙伴，预祝您有一段充满新的发现和希望的完美旅程！

中国作者

李玄

时尚旅行博主、服装设计师，热爱旅行和艺术设计，梦想是环游世界。最爱“深度游、慢生活”的旅行方式，喜欢在不同的国家和地区像当地人一样感受生活，听不同人的故事，从旅行中获得灵感。Living Young，Wild，Free！

德国作者

克劳斯·博提斯（Klaus Botig）

来自德国北部城市不来梅。1973年初识圣托里尼岛，此后每年都造访这座小岛。在这段时间里，他探遍岛上的每一个角落，在壮阔的火山边缘发掘了诸多美景。他钟情于圣托里尼岛的美味佳肴，也被形态各异、色彩斑斓的熔岩和火山灰所吸引。在他调研期间，雅典的青年记者艾莉莎·胡贝尔（Elisa Hübel）给予了支持和帮助。

梅尔杜蒙的故事

希尔德（Hilde）和库尔特·梅尔（Kurt Mair）是为旅行而生的。早在20世纪20年代第一次世界大战刚刚结束时，他们就驾驶着汽车或者摩托车穿梭在欧洲大陆上。漏气的轮胎、过热的冷却液、失灵的刹车，这些都无法阻挡他们前进的步伐。那时有很多我们今日无法想象的场景，甚至没有一张地图！即使是这样，连撒哈拉大沙漠也无法阻挡梅尔夫妇的冒险之旅。同样他们也会做测绘之旅，这些被探测的路况信息会被精确地整理和保存。第二次世界大战结束后，1948年，库尔特·梅尔成立了公司，路书和地图册是他们的主营产品。库尔特·梅尔离世后，他时年26岁的儿子福尔克马尔·梅尔（Volkmar Mair）继承并领导这个企业，为今天的梅尔杜蒙集团打下了基石，使集团成为一个全球性的媒体集团，其在全球拥有多家办事处，员工380名，年销售额约1亿欧元。

今日的梅尔杜蒙集团不仅仅提供地图，旅行指南、旅行画册、旅行冒险和电子产品构成了集团丰富的产品组合。在中国，梅尔杜蒙与北京出版集团于2014年成立了合资公司，开始服务于中国旅行者日益增长的需求。

圣托里尼岛

图标

当地锦囊 — 当地锦囊

★ 必游景点

●●●● 体验圣托里尼岛

远眺点

适合环保、生态旅游

（*） 拨打需付费的电话号码

酒店价格

€€€ 超过200欧元

€€ 120~200欧元

€ 低于120欧元

价格参考酒店旺季每天标价，房型为双人间，无早餐。

餐厅价格

€€€ 超过28欧元

€€ 17~28欧元

€ 低于17欧元

一餐包括主菜、配菜以及饮料。

目录

信息检索

地图标注

（折页A－B 2－3）：折页地图上的位置

（折页a－b 2－3）：折页地图中附加地图上的位置

欢迎来到圣托里尼岛

当你乘船靠近圣托里尼岛环，船只不需要沿岛环的外缘海岸停靠，可以长驱直入岛环内圈。若你从北边的比雷埃夫斯（Piraeus）和基克拉泽斯（Cyclades）诸岛来，首先映入眼帘的将是一道不足2000米宽的海峡，它将岛环的主岛锡拉岛（Thira）同其较小的子岛——锡拉夏岛（Thirasia）分隔开来。闻名遐迩的圣托里尼岛环主要由四座小岛组成，面积由大到小依次为锡拉岛、锡拉夏岛和火山岛尼亚卡梅尼岛（Nea Kameni）、帕利亚卡梅尼岛（Palia Kameni）。锡拉岛习惯上被直接称为圣托里尼岛，后文也将采取此称呼方式。

圣托里尼岛并非从海洋盆地崛起探出水面的海洋型岛屿，而是由岩浆堆积而成的火山岛。全岛被一层薄薄的熔岩、浮石和火山灰所覆盖，如同裹着一件巨大的轻纱。圣托里尼岛的西部，四周峭壁环绕，高达360米的悬崖极尽缤纷色彩，白色、灰色、红色和棕色在岩石上竞相跃动。现在，你终于来到了硕大的火山口前。这儿可不是什么不毛之地。火山口边缘高耸于海面之上，洁白的房屋

上图：在费拉远眺卡尔德拉火山

圣托里尼岛

抵达圣托里尼岛：费拉的白色房屋立于火山之上，在阳光中焕发着光彩

和教堂沿边缘而栖，绵延1千米。鳞次栉比的大小房屋都有着深蓝色的屋顶，清新而美丽，这一片经典的蓝色与白色交织，在夜晚中熠熠生辉，宛如彗星在星空中拖曳出一条长尾。“彗尾”分别由圣托里尼岛的两大火山边缘小镇——伊亚（Oia）和费拉（Fira）组成。在船的右舷，也就是你的右手边，是锡拉夏岛的马诺拉斯（Manolas），你所看到的这几座小房子是圣托里尼岛的生动写照。岛民们在建房选址上有着十足的勇气——伊亚和费拉的居民们不但紧

火山壁中镶嵌着各式房屋和酒店。

公元前3200年
圣托里尼岛开始被垦殖。

公元前2000年
米诺斯文明逐渐发展起来，阿克罗蒂里成为商贸之都。

公元前1700年
大地震摧毁了阿克罗蒂里的部分区域。而后，圣托里尼岛迎来了其经济和艺术上的繁荣。

公元前1600年
毁灭性的火山爆发，岛屿生灵涂炭，同时也逐渐形成了我们今天所看到的地貌。

公元前1200年
圣托里尼岛迎来腓尼基人垦殖生息。

靠着火山口边缘而居，随着旅游业的发展，人们索性住在山洞之中，更有甚者直接将酒店和小型泳池嵌入火山壁之中。

你的渡船将首先经过伊亚，然后向火山口中心的两座小岛——尼亚卡梅尼和帕利亚卡梅尼驶去，这两座熔岩岛无人居住，寸草不生，景致奇特。当船穿过费拉和尼亚卡梅尼岛之间的水道时，你将见到世界上最奇特的港口之一——狭窄的码头硬生生地挤在300米高的火山壁之下，从港口到崖顶的公路蜿蜒陡峭，供车辆盘旋而上。当你好不容易到达火山口的边缘，圣托里尼岛将向你展示它的第二副面孔：岛屿由西向东地势逐渐降低，西侧为悬崖，向东则是长长的缓坡，逐渐伸入海洋。岛屿东海岸种满了葡萄藤，是难得的海滨度假胜地。圣托里尼的东边实在可爱，不仅临近大海，去机场也十分方便。

如果你是乘坐飞机前来，在飞机着陆的过程中鸟瞰小岛，映入眼帘的是独具一格的地貌特点：圣托里尼岛小群岛受火山爆发影响，中部塌陷，形成了一个岛环。由于飞机皆从南而来，在临近地面的时候，人们可以清晰地看到小岛的最高点——普诺菲提斯山丘（Profitis Ilias），它从平原拔地而起，高达567米。这座小山并非由火山岩堆砌而成，其主要岩石种类为石灰石和大理石。相比岛上其他地方，普诺菲提斯的历史更加久远。

约在150万年前，普诺菲提斯山丘从海中崛起，孤独地度过了百万年的时

公元前900年 先民们开发岛屿，建立城镇。锡拉古城遗址就是他们的杰作之一。

公元前146年 希腊被划入罗马版图。

13世纪初 成为威尼斯共和国的领地，被威尼斯人命名为“圣托里尼”。

1537年 圣托里尼岛被土耳其奥斯曼帝国占领。

1832年 希腊独立，圣托里尼岛所处的基克拉泽斯群岛成为新的希腊王国的领土。

1956年 一场地震将岛上数座村镇

光。一段时间后，海底火山开始活跃。几个世纪以来，火山多次爆发，塑造了一个几近圆形的岛屿。岛屿中央是一个高达1700米的火山锥，形状类似今天的维苏威火山（Vesuv，位于意大利南部的著名活火山）。后来，火山锥爆炸碎裂，中部塌陷，同时在圆岛上打开了一个缺口，将阿克罗蒂里海角（Kap Akrotiri）——今天的灯塔（Leuchtturm）所在地，和阿斯普洛尼希岛割裂开来，海水由此灌入这个新生成的火山口，也就是今天几乎完全被淹没的卡尔德拉（Caldera）火山口。那时的圣托里尼岛已接近今天的形态，唯一的区别在于，当时北部的伊亚与锡拉夏岛仍连在一起。公元前1600年左右，在一次剧烈的火山喷发中，这个外环终于支撑不住，圣托里尼岛形成了今天我们所看到的样子。与此同时，火山喷发产生了大量的浮石和火山灰，由此形成了厚约60米的喷发物沉积，至今依然覆盖整座岛屿。据猜测，该地区最后一次火山喷发可能就是岛上古文明灭亡的原因，并将远古文明厚埋于熔岩和火山灰之下。一些研究人员甚至提出，神秘的亚特兰蒂斯古陆的湮灭便缘于这次火山喷发。1967年，考古学家在圣托里尼西南部发现了保存完整的阿克罗蒂里古城遗址。

圣托里尼只有夏天游客众多，熙熙攘攘。

虽然小岛面积不到100平方千米，但依然可以给你带来极尽丰富、多姿多彩的假期体验。圣托里尼岛的景点分布密集。从北部的伊亚到南部阿克罗蒂里海角的灯塔，你只需沿着火山口行驶27千米；如若你已经满足于卡马利（Kamari）和佩里萨（Perissa）海滩的充沛阳光，想一览岛上首府的风采，那么从这两个海滨胜地到费拉的距离仅为10~15千米。圣托里尼常住人口不到两万人，岛上的酒店、公寓可容纳几乎同等数量的游客。

此外，每年还有数以万计的游客乘坐游轮前来，由于火山口过深，轮船无法锚定，豪华游轮多停靠在费拉。游客们几乎只在夏季拜访圣托里尼岛，每年的7—8月，小岛就会被来自希腊本土、意大利和法国等地的游客占领。而在5月、6月、9月和10月，除却费拉这样的中心城区，大半个小岛都将趋于平静，往日

夷为平地。

1967—1974年 希腊出现军事独裁政权，后重建现代民主制度。

1981年 希腊加入欧盟的前身“欧共体”。

2001年 希腊首批加入欧元区。

2004年 雅典奥运会成功举办。

2011—2016年 希腊出现严重债务危机，欧盟与国际货币基金组织对希腊拨款救援，同时降低部分债务，以防止国家破产。危机中的希腊税收大涨，退休金、工资和社会福利金受到严重挤压，大量公职人员辞职。

卡马利海滩游客不多

喧嚣的海滩也变得空空荡荡。从10月中旬到复活节期间，圣托里尼岛仿佛陷入了沉睡，你很难在海边地区找到一家正在营业的酒店、咖啡馆或是餐厅。即使伊亚和费拉这些热门景区，都难免显得冷清。圣托里尼岛就像是一个气球——夏日饱满，冬日干瘪。

旅游业振兴了岛上的经济。

发达的旅游业使许多岛民过上了富裕的生活。毕竟，游客能在火山口边缘甚至是火山垣环内部体验到舒适的洞穴酒店或豪华的公寓，抬眼就是火山口的壮丽景色。这是圣托里尼岛赋予游客独一无二的经历，由此带来的则是高昂的食宿费用。拥有一定消费能力的旅客如果想在火山口附近过夜，就会发现几乎没有日均价低于1000欧元的酒店。

圣托里尼岛的农业并不发达，但葡萄园和葡萄酒厂却随处可见。圣托里尼岛的葡萄酒无与伦比，这仰仗于葡萄独特的生长环境。浓密的葡萄藤厚厚地压在熔岩土上，这种土质可在夜间存储水分，保证湿度。当日照太强时，熔岩土还可有效反射阳光，促进葡萄生长。若你想继续探索这得天独厚的自然的馈赠，欢迎你前往酒窖、酒庄品酒，让圣托里尼岛的别样风情伴随着琼浆在你口中流转。

当地锦囊

从所有的当地锦囊中，我们为您挑选出了15条最棒的旅行建议。

当地锦囊 耐心可嘉

位于费拉的那欧萨餐馆凭借美味的菜肴和极高的性价比吸引着众多游客，连等待就餐的长队似乎也不让人感到烦躁。→ P.44

当地锦囊 风格成谜的T恤

新艺术服装店位于费拉，主营各式各样的个性T恤，由设计师维尔纳·汉佩尔亲自设计。店内所有的T恤都以令人难以捉摸的怪诞风格而闻名，实为一件件新奇独特的纪念品。→ P.46

当地锦囊 废物巧变拼贴艺术品

来自德国的女艺术家列奥妮·施密德尔极富艺术创想，岛上的一草一木、一砖一瓦都可以成为她创作的原材料。→ P.45

当地锦囊 实惠好住处

费拉的金星酒店位于小镇中心，四周安静，附带环境很棒的泳池，还可以观赏到海景。→ P.48

当地锦囊 世外桃源

德国人尤塔的咖啡店位于卡马利，除了美食，精心布置的花园也是其魅力所在。→ P.57

当地锦囊 行家看艺术

收藏家安东尼奥斯·阿吉罗斯在卡马利的艺术空间展览馆为大家展示当代国际艺术作品，同时还会邀你免费品尝红酒。→ P.60

当地锦囊 勤劳的一家人

位于卡马利的萨利瓦罗斯是一家传统餐厅，由一家人共同经营。他们兢兢业业，努力让每一位客人满意。→ P.58

当地锦囊 寂静山谷里的村落

沃托纳斯村（见上图）现已无人居住，仍然保持着从前的风貌。整个村落未受旅游业开发，带着原始而又

奇特的美感，来到这里的游客无不被其深深打动。→ P.67

当地锦囊 在王子餐厅就餐

王子餐厅深受卡马利当地人青睐，在那儿，你能品尝到深具当地特色的美味菜肴。→ P.57

当地锦囊 大快朵颐

凯拉·尼基餐厅地处费拉和卡特瑞杜斯（Karterados）之间。这家路边小店看似其貌不扬，实际却暗藏玄机。店内装潢极富创意，菜肴可口，价格实惠，确保物有所值。另外，这家餐厅的可食用餐具也是其一大特色！→ P.43

当地锦囊 邂逅活火山

来圣托里尼岛怎能不体验一番畅快淋漓的海上皮划艇之旅呢？在向导的带领之下，你将与活火山来一场邂逅，独享划艇的快感。此外，这里还有难度较低的皮划艇体验项目，十分适合初学者。→ P.107

当地锦囊 玻璃艺术品

伊亚的浪潮艺术馆陈列着各式玻璃制品（见下图），其中只有少数具有实际用途——但这丝毫不影响它们的热销程度。→ P.89

当地锦囊 素食主义者免进

沃托纳斯村的科里蒂克斯餐厅是肉食爱好者的天堂，这儿的烤肉可都是按斤算的！→ P.67

当地锦囊 蓝色蜜月旅

如果你想在圣托里尼岛度过如梦似幻的蜜月之旅，位于伊亚的阿斯巴奇梅森艺术城堡酒店绝对是你的不二之选。特色蜜月套房——“无尽的蓝色”有露天恒温泳池，供你纵享绝美景致。→ P.91

当地锦囊 上帝的花园

“上帝的花园”是一家位于佩里萨的餐厅，毗邻大海，绿树环绕。在这儿，你能品尝到正宗的本地菜肴，而且分量大，价格实惠。→ P.79

体验圣托里尼岛

免费畅游

既省钱，又能发现新事物

省钱有道

● 摆渡锡拉夏岛

从伊亚到圣托里尼子岛锡拉夏的里瓦镇需要搭渡轮，几乎在每个工作日的清晨和傍晚，都会有一艘小船免费接送游客和上下班的人。→ P.93

● 免费圣餐

你可以在圣托里尼岛体验到免费领取的教堂餐食。每当教堂内举行庆典时，人们都会前来领取免费的食物，着装整齐，耐心排队等待领取食物。阿奇奥阿尔忒弥斯教堂的圣餐礼一般在每年的10月20日早上10:00开始。→ P.113

● 在村庄中品尝红酒

梅加罗切利的加瓦拉斯酒坊气氛轻松，人们热情好客。与岛上其他的葡萄酒庄不同，在这儿品酒不需要你支付一分钱。当然，在这儿花钱购买红酒同样是个不错的选择。→ P.63

● 希腊风笛

苏格兰人可不能把风笛视作他们的发明——在包括圣托里尼岛在内的基克拉泽斯群岛上，风笛可谓是狂欢节配乐演奏的主角。你可以在阿克罗蒂里的古堡中学习到很多关于风笛的知识，还可以欣赏到风笛演奏表演。→ P.74

● 对话艺术家

豪华旅行团绝对不会光顾梅加罗切利的陶艺作坊和绘画工作室（左下图）。这里的部分展览虽然已经达到了博物馆级别的专业水平，但依然不收游客一分钱。→ P.64

● 公共游泳池

如果你下榻的酒店没有泳池，而你又想在水中好好放松一下，那么，圣托里尼岛的营地泳池随时欢迎你！在盛夏时节，费拉的金星酒店同样期待你的到来。你必须在泳池吧台消费，禁止外带饮料入内。→ P.50

本色圣托里尼岛

不容错过的特色体验

● 窑洞与空中阳台

在卡尔德拉悬崖的洞穴过夜能感受到圣托里尼岛最纯粹的生活气息。费拉的西罗科公寓也是个好去处，它的屋顶和阳台似乎是悬空而建的，仿佛漂浮在爱琴海之上，给你带来妙不可言的观景体验。→ P.48

● 死者之城

圣托里尼岛的墓地在教堂旁边，看上去与沃夫鲁斯村镇风格一致，浑然一体。→ P.51

● 峡谷中的村庄

在圣托里尼岛的火山岛上，火山口边缘的一座村庄举世闻名。与此同时，圣托里尼岛上还有一些村落藏匿于崖洞中，躲过了海盗的眼睛，不为人知。卡特拉多斯村就是其中的一个。→ P.51

● 不用菜单，只用托盘

在希腊的一些餐厅，你见不到菜单和菜品陈列柜，费罗斯特法尼的西摩斯餐厅就是其中之一。根据古希腊的风俗，服务员直接托着一整盘美味佳肴来到你身旁，你可以根据自己的喜好自由挑选。→ P.44

● 熔岩下的港口

圣托里尼岛向来无惧火与水的力量。还有什么比在伊亚的阿莫迪港（右上图）更能让你体会到火山灰、浮石、熔岩和海洋强烈的相互作用呢？→ P.85

● 沙滩历险

如果你想要了解圣托里尼岛的众多小海滩，那你可要做好准备，经历一场又一场的小冒险。其中，最佳推荐莫过于白沙滩，而你只能乘船前往。→ P.76

● 渔夫洞穴

不只是村落居民，圣托里尼岛的渔民们也在软岩中挖起了洞穴，用来储存船只和打鱼工具。在阿克罗蒂里，许多这样的洞穴被改造为餐吧，其中，梅里亚餐厅甚至还有自己专属的艺术画廊。→ P.75

本地特色

雨天游玩

下雨天，也美妙

干脆去潜水吧

如果你不愿让雨天扫了兴致，那么干脆去潜水吧！佩里萨的潜水中心还提供火山口潜水项目。→ P.108

变身红酒行家

希腊葡萄酒博物馆位于卡马利和梅萨利亚之间，馆内的照片和模型生动地刻画了圣托里尼岛种植葡萄的历史和特点。参观结束后，这里还会举办品酒会，邀你共品圣托里尼红酒。→ P.69

另一个世界

在恶劣天气下，费拉的大教堂能让你远离尘世喧嚣，这儿的巨幅壁画能让你沉浸在别样的体验中。→ P.39

雨天游玩

海角奇观

即使在风雨天气中，位于圣托里尼岛西南部的阿克罗蒂里海角上的灯塔依然值得一游。在狂风中乱舞的树木、海上掀起的巨浪以及空中低悬的云层，一同构成了一幅大自然奇观。→ P.77

史前历史知识

位于费拉的史前历史博物馆是岛上最好的现代化博物馆，馆内设有内容翔实的解说牌，在阳光的照耀下，游客们可能不愿长久驻足阅读。但在阴雨天，这里便成为值得一游的好去处！→ P.40

温室咖啡厅

雨中的米勒斯咖啡厅分外美丽，景色绝佳。这家咖啡厅位于费罗斯特法尼，玻璃露台环绕着一架风车而建，店内提供报纸和免费Wi-Fi。→ P.43

休闲之所

深呼吸，尽情享受，忘记烦恼

放松身心

●偷闲时刻

希罗斯海滩上的高档酒吧是全岛最美的海滩酒吧之一，也是家长们偷闲的好去处。当孩子正在快乐地打沙滩排球时，你大可以坐在酒吧里，悠闲地晃动鸡尾酒杯。→ P.111

●星空下的“好莱坞”

在卡马利露天影院看电影，宛如观赏到了好莱坞影星们在星空下的演出。该影院采用最先进的放映技术，同时保有传统影院的良好观影氛围。→ P.59

●浮石洞穴里的养生馆

伊亚的火山口理疗馆位于一个浮石洞中（左下图），洞壁被漆成了白色。在这儿你可以享受到舒适的理疗与洗浴服务，如同大地母亲般温柔亲切。移步阳台，你将会发现自己被碧海蓝天所环绕。此外，店内还有古典球形音盒，音韵袅袅，分外动听。→ P.109

●火山口帆船之旅

当你在火山口乘坐帆船时，你将体验到梦幻的美好时光。这项航行项目需要你和船长相互配合划船，船上也会提供佳酿供你享用。→ P.109

●沙滩假日与贵宾服务

富裕的希腊人丝毫不落后于时代的脚步，常常选择在佩里沃洛斯海滩的诺托斯海边餐厅度过假日。从香槟早餐到傍晚盛宴，耳边的音乐绝不会少，从时髦的爵士乐、民族音乐到流行音乐，一切应有尽有，并且会随着菜肴调整曲目。除此之外，你在这儿还可以享用到金箔墨鱼烩饭这样的奢华菜品。→ P.83

●精致田园

费罗切里亚艺术中心位于梅加罗切利小镇。登上屋顶，村落的安宁气息便扑面而来。教堂的尖塔精致华美，桌子被铺上了洁白的桌布，桌前矗立着一排充满异国情调的棕榈树。店内的墙上镶嵌着各式艺术品，在香槟和优质葡萄酒的陪伴下，来客们心情悠闲，侃侃而谈。→ P.63

潮流之选

1 海天无限

岛上住宿 设想一下，你下榻于火山口边缘的酒店。当你在酒店的无边际泳池畅游时，天空似乎近在咫尺。远远望去，广阔的爱琴海与天际相接，海天一线，无可分割。这样的无边泳池成为火山口附近酒店的新宠，你可以在以下酒店享受到：位于费拉的丽都套房酒店（Cosmopolitan Suites @ www.cosmopolitansantorini.com），以及地处易莫洛林的圣安东尼奥酒店（San Antonio @ www.sanantoniosantorini.com），同在伊亚的神秘奢华度假村（Mystique Resort @ www.mystique.gr）和伊凯斯精品民居（Ikies Traditional Houses @ www.ikies.com），还有靠近阿克罗蒂里的阿斯塔特套房酒店（Astarte Suites @ www.astartesuites.gr）。

2 本地啤酒

本土啤酒 对于啤酒爱好者来说，批量生产的啤酒可不是在希腊的首选，你应该尝尝希腊本土制酒厂的各式佳酿。最值得一提的当属小型精酿啤酒厂布劳内（Brauerei Craft @ www.craft.gr），该厂只给特定顾客供酒，且只生产桶装啤酒。此外，希腊第一批有机啤酒（@ www.brinks-beer.gr）产于克里特岛。同样，圣托里尼岛也有自酿啤酒，比如小毛驴啤酒，分为黄驴、红驴和疯驴3种口味（Yellow，Red and Crazy Donkey @ www.santorinibrewingcompany.gr）；沃尔坎啤酒（Volkan @ www.volkanbeer.com）也是圣托里尼的著名美酒。上述啤酒你都能在圣托里尼岛找到。

3 希腊式保健

在理疗馆 当地的保健会所多倾向于使用本地特产。人们会用酸奶舒缓晒后的皮肤，用蜂蜜润滑肌体，用海盐焕亮光泽，用海藻保持纤细身

圣托里尼岛有许多新鲜事物等待您去探索。

材。当芬芳的精油配上绝美的海景，效果是否会更好呢？伊亚的火山口按摩（Caldera Massages @ caldera-massages.com）的露天按摩服务邀你来尝试。诺托斯温泉水疗酒店（Notos Therme & Spa @ www.notosthermespa.com）位于维查德（Vlichada），在酒店的特色拱顶理疗馆，你将感受到正宗的希腊式保健服务，店内皆选用顶级橄榄油与药草。易莫洛林的圣托里尼岛公主理疗馆（Santorini Princess Spa @ www.santoriniprincess.com）同样值得推荐。

4

“我愿意”

婚礼 圣托里尼岛见证了越来越多的梦幻婚礼。来此举办婚礼，当地的婚庆机构将为你聘请证婚人和结婚登记员等相关人员。此外，租借豪车、拍婚纱照、购置花束与香槟等服务更是不在话下。在圣托里尼岛，婚礼地点的选择更显独出心裁，无论是在帆船游艇，在尼亚卡梅尼活火山口，还是在海滩，抑或是在普诺菲提斯山顶，你都能幸福地说出那句“我愿意！”（@ www.yoursantoriniwedding.com，www.santoriniweddings.com，weddings.heliotopos.net）

5

营造创意

摄影与烹饪课程 圣托里尼岛景致极美，随手一拍都是好照片。旅拍（Shotztour @ www.shotztour.com）将带领你边玩边拍，在饱览圣托里尼美景之时，保证你收获优良的创作题材。格伦·施泰纳摄影俱乐部（Glenn Steiner @ www.greekislandphotography.com）不仅会为你提供长达一周、价格不菲的摄影研讨班，还会安排游客前往周边小岛奥斯岛（Ios）和阿纳菲岛（Anafi）。此外，如果你对希腊大餐感兴趣，可以前往皮尔戈斯（Pyrgos）的塞勒涅餐厅（Selene @ www.selene.gr），参加其一周3次的短期烹饪课程。同样，你也能够在梅加罗切利（Megalochori）的斯皮提餐厅（Restaurant Spiti）体验到更加个性化的烹饪课程。

圣托里尼岛面孔

圣徒，圣徒，还是圣徒

在希腊，你会频繁地遇到Agia、Agios、Agii这三个词。它们常作地名或教堂名称的一部分，也会用来给轮渡、渔船和客船命名。三者都译为圣徒，但Agia特指女性，Agios特指男性，Agii则为统称。因此，圣母马利亚在希腊被冠以尊称Panagía。

岛上建筑

在圣托里尼岛，人们不仅生活在地上，还会将住宅建在地下。在1956年地震之前，崖洞是岛上最普遍的房屋形式。这是因为圣托里尼地貌多为火山和侵蚀谷，这种地质上的浮石质脆疏松，方便挖凿洞穴。崖洞可以有效除湿、避风以及防震，同时也大大节省了居民的建筑成本。此外，浮石优良的隔热性使洞穴冬暖夏凉。岛上的富人自中世纪以来就采用进口木材和石料建造结实的房屋。起初，这些房屋围绕山顶而建，外墙无窗，形成一圈厚实的城墙，这种建筑风格在安坡里奥（Emborio）和皮尔戈斯尤为突出。后来，随着18世纪海盗威胁的解除，以及1832年圣托里尼岛归入希

上图：俯瞰皮尔戈斯

丰富多元的历史文化与绝妙美景在这里交织，孕育了独特的人文风貌。

腊，越来越多的人迁居火山口附近，在窑洞上方的地面新建住宅。房屋为多层建筑，风格古典，外表华贵。今天，在伊亚仍能见到大量此类风格的建筑。1956年的地震摧毁了大量的别墅和房屋，重建工作多采用混凝土，同时力求房屋样式整齐划一。新式房屋使用白色石灰涂层，盖顶大多采用经典的基克拉泽斯平屋顶，偶尔冒出几个拱形屋顶非但不显突兀，反而给小岛增添了一分生动。虽然圣托里尼岛经历了重建，但建筑风格始终保持统一，与岛屿景观融为一体。

拜占庭帝国

在东罗马帝国查士丁尼大帝统治时期（527—565年），古典的东罗马帝国开始向希腊化的拜占庭帝国转型。直到1453年，土耳其人攻破君士坦丁堡，拜占庭帝国时期才正式终结。君士坦丁堡——今天的伊斯坦布尔，是拜占庭帝国的首都。全盛时期的帝国版图跨越意大利，西至直布罗陀海峡，东达中东地区，甚至囊括北非。

侵蚀谷

在圣托里尼岛的东侧，火山壁间夹着许多幽深陡峭的山谷，从火山口边缘深部一直延伸到大海。在过去的3500年，海水不断冲蚀，最终形成今日的侵蚀谷。同时，冬季的地中海沿岸暴雨频发，雨水顺地势较低的地方排入海中，进一步侵蚀并加深了谷地。早在几个世纪以前，人们便利用这一地形优点在谷壁上开凿窑洞，入穴而居，巧妙地逃过了海盗的眼睛；同时，居住在地下也不会造成地面肥沃土地的浪费。如果你想要参观圣托里尼岛最美的侵蚀谷居住地，请万万不要错过沃托纳斯村（P.67）。

旗帜

在岛屿的教堂外，经常可以看到蓝白相间的希腊国旗。另外，尽管希腊的债务危机严重，欧盟的十二星旗依然在希腊迎风飘扬。

游轮乘客

当四五艘游轮同时停泊在火山口时，庞大的客流量将使费拉的街巷水泄不通。此时，人们将在缆车前看到这样的场景：骡子和骡夫排成长队，等待逐位运送旅客。2016年圣托里尼岛下达限流令：每天游客登岛人数不得超过8000。

经济危机

自2011年以来，希腊一直在严重的经济和金融危机中挣扎，但这场大危机并未过多波及圣托里尼岛。当然，岛上居民同样面临着增值税率升高、公务员养老金和工资受到严重压制的问题，部分圣托里尼岛民也为频繁的税务稽查伤透了脑筋。纵使所有人都面临着急剧上涨的物价带来的冲击，但圣托里尼岛的经济发展依然保持良好态势。这是因为圣托里尼的经济完全基于高端旅游业。也就是说，那些对圣托里尼岛偏爱不已的游客收入水平皆为中上，这就意味着，他们不会受到经济紧缩政策和税收改革的影响。此外，小岛店主们始终坚持着他们惊人的价格原则——在经济危机面前，圣托里尼的消费依然高居不下。2016年以来，圣托里尼岛食宿价格再次上调，每晚超过500欧元的酒店并不少见。尽管如此，岛上的市场需求依旧很高。这也确保了小岛的就业率，至少在旅游旺季，全岛几乎无人失业。2018年6月，危机结束。

火山灰水泥

数百年来，覆盖全岛的浅层浮石是圣托里尼岛最重要的资产。这种矿物质被大量开采，人们通过搭建滑道将其从火山口直接输入货船。浮石层会被加工成火山灰水泥，或者加工成一种名为“Santorinerde”的粉状物质。当浮石粉按照8：1的比例与石灰和少量水混合时，将会形成质地坚硬的火山灰水泥，这种水泥可以在水下硬化，甚至可以抵挡盐水的侵蚀。因此，这种水泥被用于整个地中海东部的港口建筑，如1859—1869年，在开凿苏伊士运河时就使用了这种水泥。直到1990年，圣托里尼岛的浮石开采才全面停止。

宗教

在圣托里尼岛，只有少部分人是天主教徒。绝大部分的圣托里尼居民和其他希腊人一样，都信奉东正教。

罢工

在金融危机前期，希腊出现大规模罢工。当然，今天的希腊已经顺利挺过了那段时间。在出行方面，航班受到的影响较小，而汽车运输已经难以承担罢工的影响，海运则遭受了最为沉重的打击。总之，为了防止出行受到影响，请你密切留意航班信息和当地动态。罢工活动现场可能有一定程度的拥挤甚至肢体冲突，游客不要凑热闹为好。

环境保护

希腊人的环保意识仍处于起步阶段，自然环境保护机构正面临着一个艰难的时刻。尽管希腊绿党倾向生态导向型政策，但希腊议会并无该党派的议员。在圣托里尼岛，岛屿的独特性质更加剧了该地区的生态问题。岛上每晚开动6辆垃圾车运送垃圾，运往由矿区改建的填埋场，用泥土和瓦砾覆盖垃圾。近年来，采用现代垃圾堆肥技术的工厂已投入使用。同时，圣托里尼岛自2012年推行家庭堆肥计划，涵盖超200个家庭和数所学校。

自2010年起，圣托里尼岛要求单独收集特殊垃圾，并用船运回陆地进行再处理。圣托里尼岛的这种独特

从港口到费拉的这段阶梯，无论是对游客的身体素质，还是对驮运东西的动物都有一定要求

的垃圾回收处理办法备受好评，也使它成为2015年唯一获得希腊环保奖项的岛屿。然而，这种做法并非毫无缺点，由于无法自主处理废料，锈迹斑斑的废弃汽车在岛上随处可见。

至于饮用水问题，圣托里尼岛凿取了40口深达80米的井提取海水，输送至费拉和伊亚的两个海水淡化厂进行处理。同时，岛上的废水由5个污水处理厂进行净化，并通过500~700米长的管道排入海中。

圣托里尼岛的用电同样给环境造成巨大压力。位于莫诺里霍斯的发电厂支撑起了全岛的电网，年发电量达到12万兆瓦。该电厂建于1973年，至今仍然使用燃油发电，油轮每月都会向岛上补给输送两三次燃油。这种燃料油（也称重油）是石油蒸馏剩下的黑色黏稠残余物，价格低廉，但污染较大。太阳能也是小岛的能量来源，但到目前为止，光伏电站仅在梅萨雷亚（Messaria）和沃夫鲁斯（Vourvoulos）两地可见，两个站点装机容量都为100千瓦。部分私人住宅也会安装太阳能电池板，借以将能量输入电网。为了不影响岛屿景观，圣托里尼岛禁止使用风力发电。

葡萄酒酒窖

在圣托里尼岛，葡萄酒与火山有着不解之缘：葡萄长于火山土壤，其后在火山岩中酿造、熟化。这样的酒窖多掩藏于浮石之下，洞穴可达数千米长，温度恒定。有的酒窖直接建在火山口，有的建于侵蚀谷内。其中大多数的酒窖都对外开放，供游客参观、品尝，部分酒窖还会为游客讲解其历史渊源。圣托里尼岛出产的葡萄酒最出名的是干白，还有琥珀色的一款纯天然甜葡萄酒“文圣托”（Vinsanto）。酒店和种植园都有品酒项目。（详请参见P.30）

蓝与白

在圣托里尼和希腊其他岛屿上，我们常常可以看见许多蓝色和白色的房屋、教堂，这种颜色搭配的来源没有唯一答案。浪漫主义者认为，蓝色和白色是天空和云彩的颜色，也是海面和浪花的颜色，这是希腊建筑对自然景观的致敬；也有人分析说，之所以圣托里尼岛，甚至整个基克拉泽斯群岛的居民都用蓝色、白色粉刷他们的房屋，是因为希腊蓝白相间的国旗，也即对希腊独立的自豪。19世纪时，当其他爱琴海岛屿还在奥斯曼帝国的版图之内，圣托里尼就已经回到希腊的怀抱。直到1947年，希腊才重新收回罗德岛（Rhodes）和多德卡尼斯群岛（Dodecanese），最终形成今天的版图。

岛上的风

圣托里尼岛纬度较低，夏季时，天气预报是毫无悬念的，因为小岛永远阳光充沛，天气晴朗。只有一件事情会打破小岛气候的安宁——那就是强度不一、时时吹拂的海风。根据季节和风向，每种海风都被赋予了自己的名字。例如在夏天，北风“美尔丹”（meltemi）占据上风。清晨，海风尚徐徐吹拂，中午就突然强劲起来，呼呼作响；到了傍晚，风儿打了个盹儿，以便晚上再次大展拳脚。有时仅需要几分钟，原本风平浪静的海面就可以掀起狂风骤雨，狠狠地拍打着船只。风暴不仅让海边的渔民心生畏惧，同样也不放过镇上的小店老板。狂风肆无忌惮地卷起遮阳伞、桌椅，造成极大破坏。

对于旅客来说，横行霸道的美尔丹海风倒成了一大幸事。风消除了酷暑的炎热，使空气纯净透明。雨过天晴，阳光照耀下的小岛焕发出金色的光辉，仿若浸润在传奇的爱琴海之光里。雨水冲刷了灰尘，能见度升高，临近的小岛看起来仿佛触手可及。

基克拉泽斯群岛

包括圣托里尼岛在内，爱琴海散落着一群美丽的岛屿，总称为基克拉泽斯群岛。“基克拉泽斯”（Cyclades）一词，在希腊语中是“环”的意思，是英语中cycle和circle的词根。

近2000个岛屿和小海岛散布在海面上，其中主要的岛屿有二三十个。这些岛上有着比明信片的图片更引人入胜的橄榄树林、排列整齐的纯白色的房屋，以及天青石和化石构成的海湾。

基克拉泽斯群岛的每一个岛屿都各有千秋，各有风味，因此，你在岛上的体验取决于你的选择。基克拉泽斯群岛更适合闲散惬意地游玩，而不是对照旅游手册四处奔走、走马观花。

圣托里尼岛的颜色是浪花和大海的写照——白色与蓝色

美 食

圣托里尼岛是个“国际范”十足的小岛。无论你来自哪个国家，都一定能找到符合口味的菜品，饱餐一顿后，快活似神仙。不过，想要找到一家原汁原味的希腊餐厅却是难上加难，比意式大餐还要稀有。这并非纯粹为了讨好外国游客，而是因为大量的希腊本土游客不愿重复日常的餐食，希望在圣托里尼岛享受到异国风情。他们更愿意品尝中餐、墨西哥餐和德国菜肴，而不愿光顾贾尼斯（Jannis）或者克龙沙根（Kostas）餐厅（译者注：这两家皆为希腊风味特色餐厅）。

无论钱包瘦鼓，圣托里尼岛都可以满足食客的一切需求。你可以花50欧元享受一份充满异域风味的鳄鱼排，也可以饱食一份好吃不贵、均价仅为2.8欧元的土耳其肉夹馍（gyrospitta）。在海滨度假村用餐时，店家会直接为你提供套餐，虽然菜品相对单一，但价格十分实惠。相比在火山口的餐厅单独点菜，度假村人均13欧元的消费水平仅为其1/4，甚至更少。

无论如何，岛上的餐饮都有一个共同点，即多以鱼类和贝类为原料。光凭本岛的渔民自然无法满足庞大的消费需求，因此大量海鲜都源于人工饲养或其他岛屿。此外，岛上还有渔夫主题餐吧，店家会向你展示他的渔船，正是这艘小船为你送来了爱琴海的鲜美海味。圣托里尼岛的农夫们也

上图：希腊式沙拉

希腊菜肴品质优良，异国特色的美味料理花样繁多。

为希腊传统菜肴贡献了力量，他们所种植的扁豆、圣女果、刺山柑、月桂和鼠尾草都是圣托里尼菜肴的重要原料。幸运的话，农民们甚至还能在11月份收割野生番红花。

无论是在希腊的哪家餐厅或酒馆，都存在一个普遍现象：你需要为餐具付费。据说，这个费用涵盖了餐具、餐巾、餐前面包、胡椒和盐等调料的成本。实际上，这是就餐的基本费用，与消费多少无关。不同餐厅情况各异，向每位顾客收取0.3~0.5欧元不等的服务费。

圣托里尼岛餐厅的用餐高峰为晚上七八点，偶尔也会在下午一点至四点开门迎客。在希腊本土的小酒馆，情况可就完全不同了，从早上9:00到深夜，餐馆随时恭候你的光临。

虽然餐厅会为你提供一份多语种的菜单，但并非所有的菜品都能任你挑选，餐厅现菜会在菜肴后面标注价格，无法供应时则会将价格抹去。如若你想开发额外的菜品，可以留意一下菜单上用希腊语标注的铅笔小字，或是向服务员询问。

在点菜的时候，深谙希腊民俗的人一定不会选择套餐（译者注：多为一人一份，含开胃菜、主菜、甜品和饮品等），而是会多点几道开胃菜和沙拉。这样一来，全桌人人有份，无论你想吃什么、吃多少，自取便是！同样，点主菜的时候，希腊人也会避免一人独食，更愿意共享菜品。如果你想要品尝甜品，千万别去小酒馆碰一鼻子灰，毕竟在希腊，一众高级餐厅才是甜食大展身手的舞台。此外，一家名为赛拉洛尼基（Zacharoplastio）的甜品店是甜品爱好者的天堂，无论是色泽诱人的奶油蛋糕，还是来自东方的糕点，只有你想不到，可没有吃不着的。

所有人都能一眼看出，圣托里尼岛的农业很大程度依赖于葡萄种植。想要在一个假期中认全圣托里尼岛所有的葡萄酒近乎“西西弗斯的苦役”（译者注：西西弗斯是希腊神话中的人物，由于触犯众神，被罚推巨石上山顶，尚未登顶，巨石又会滚落，如此往复。因此，人们用“西西弗斯的苦役”来比喻无效、无望的工作）。这时，参观酒厂成为一个不错的选择，多数酒厂（一般需收取费用）都会提供品酒服务。如果你想要深入了解岛上40多类红酒的细微差别，当务之急是认识一下3类基本品种。首先是来自哈兹达斯酒庄的干白葡萄酒nikteri，酒精度数为12~13度，酿造6~7年最为美味。酒劲较强的当数干红brousko，一瓶含15%~18%的酒精。第三种visanto可是餐前开胃的好酒，含白、红与桃红3个种类。它由晾晒1~2周的葡萄干制成，口味香甜，度数仅为8~10度。

除了常见的葡萄酒类型，一些酿酒厂甚至利用葡萄醪（译者注：未经过过滤澄清的葡萄汁与果皮的混合物，也称果渣）蒸馏酿酒，tsipouro就是这样一款珍贵的果渣白兰地，与意大利上乘的渣酿白兰地（Grappa）非常类似。由于这款酒十分稀缺且昂贵，其平价替代品——克里特的raki也备受欢迎。Ouzo虽不产于圣托里尼岛，但它成功取代葡萄酒，成为最受岛上居民喜爱的酒种。

希腊人虽好酒，但依然有所节制，咖啡才是伴随他们日日夜夜的忠实朋友。在这儿，点咖啡也是一门学问。首先，你需要对3种基本的咖啡类别做出选择，是希腊摩卡咖啡，还是热速溶咖啡kafe elliniko（也被称为ness sesto），抑或是冰镇奶油咖啡frappe。希腊摩卡咖啡的制法类似土耳其咖啡，即直接将糖拌上咖啡粉注入水中，因此你在点单时必须提前说明甜度要求：sketto，无糖；metrio，少糖；gliko，加糖。另外，希腊式咖啡一般不加牛奶，但如果你有这一需求，请在你的订单上加上ma gala。

在天台享受露天大餐，这是在圣托里尼岛才有的独特享受

特色美食

炖焖蔬果杂烩（briam）——类似普罗旺斯杂烩，由不同的蔬菜共同制成，多以西葫芦与茄子为主。

希腊鲜奶酪（chloro）——用羊奶或者牛奶发酵而成。

希腊乡村沙拉（choriatiki salata）——沙拉拌有番茄、黄瓜、洋葱、橄榄，有时也会加入刺山柑，最后盖上一片希腊绵羊奶酪（feta）（左图）。

希腊式海鲜沙拉（chtapodi ksidato）——沙拉主料为章鱼，用醋和油腌渍。

葡萄藤叶卷饭（dolmades）——用米饭拌上香草和少量肉末，配上新鲜采摘的葡萄藤叶。冷食可做开胃菜，加热后配上鸡蛋柠檬酱，一道主菜就新鲜出炉了。

特色黄豆泥（fava）——一种黄豌豆泥，混以大量洋葱、柠檬汁和橄榄油。

牛肉烤面（jouvetsi）——牛肉配上烤面条（偶尔会用羊肉代替）。

马力德斯（marides）——香煎凤尾鱼，从鱼皮到鱼刺都酥香松脆。

希腊茄盒（也被直译为“穆萨卡”moussaka）——西式蔬菜煲，以茄子或西葫芦为主，辅以土豆和肉末，淋上特色酱料白汁（Bechamel-sauce，又称奶油汁，用牛奶调上黄油增稠制成）。

希腊甜菜（patsaria）——甜菜根，冷食可作沙拉，加热后加上菜叶，可作蔬菜供应。

油炸鹰嘴豆丸/饼（revithokeftedes）——由鹰嘴豆泥制成，既可捏成丸状，也可摊开做薄饼。

希腊菠菜饺子（spanakopitta）——菠菜馅素饺子。

小洋葱炖肉（stifado）——香辣红烧牛肉或兔肉配洋葱，同时搭上特色番茄肉桂酱。

鱼子沙拉（taramosalata）——土豆或面包浸红色鱼子酱（右图）。

油炸奶酪（tiropitta）——酥皮卷，内含丰富奶酪。

锡拉扎番茄（tomatokeftedes）——将番茄、西葫芦、薄荷捣碎，加入面粉，然后搓球或摊饼。这是圣托里尼岛当之无愧的特色菜品！

购 物

对于一切醉心艺术、热爱手工艺品的人来说，圣托里尼岛是一个当之无愧的购物天堂。大部分艺术品来自于岛内，也有的是从全国各地工坊搜罗来的。在伊亚和费拉，顶级商铺鳞次栉比，你只需微微移步，海量的精美商品就会向你涌来。从画作到雕塑，从珠宝到家居摆件，各式各样的艺术品供你挑选。不用担心你的购物篮空空荡荡，圣托里尼岛醉人的葡萄酒和特色美食一定能填满它最后一丝缝隙。

陶艺工坊

圣托里尼岛的几个陶艺工坊紧密相邻，坐落于梅加罗切利的郊区，从费拉到阿克罗蒂里和佩里萨的道路上。除了现代艺术作品，工坊也会为你提供实用的陶制日用品。

特色美食

从阿克罗蒂里到灯塔间有一条沥青公路，路边有许多装修精美的小铺，你能在那儿买到最正宗的圣托里尼岛特产，如扁豆、圣女果、开心果和刺山柑等特色美食。小店偶尔也会供应干海湾叶（译者注：一种香料）、鼠尾草、橄榄和野生番红花。

绘画

岛上的画作多以小岛风光为题材，类别从水彩画到剪贴画不等，你甚至可以买到圣像画家的作品。画商多集中在火山口边的街道上。你也可以在费拉的吉齐博物馆（Ghizi Museum）购买圣像。如果你想欣赏最棒的剪贴画，不妨去拜访女画家列奥妮·施密德尔（Leoni Schmiedel）在费罗斯特法尼的工作坊。

音乐

无论是传统的希腊岛屿音乐和希腊民谣“希塔基”（syrtaki），还是排行榜上的摇滚和流行音乐，你都可以在费拉的CD店里找到。由于CD价格昂贵，不建议购买希腊音乐以外的CD。同时，请谨慎购买烧制的CD，它们虽然便宜，但有时会出现空碟。

首饰

费拉的首饰店总能吸引众多游客

高水准：圣托里尼岛艺术品与工艺品种类之繁多，是希腊其他地方都无法比拟的。

驻足、购买，花样繁多、制作精美的首饰价格居高不下。熟客不会在商家第一次出价的时候下手，砍价是必要的。如若商家意识到这笔买卖有机会做成，你就有机会以较低的价格购得所爱。

雕塑

在伊亚的火山口缘大道和费拉大教堂附近，希腊现代艺术家们展示了他们超凡脱俗的天分与能力，由玻璃、大理石和贵金属雕塑而成的作品栩栩如生，品质精良。在伊亚，有几家商店——虽未受到授权——专门出售博物馆展品的仿作。商店内配套的快递服务很方便，信誉良好，同步博物馆的收藏，实时更新商品，欢迎来自世界各地的订单，支持异地付款。

纺织品

圣托里尼岛虽不是各大时尚品牌的秀场，但德国艺术家维尔纳·汉佩尔（Werner Hampel）设计的创意T恤和运动衫依然是圣托里尼岛的经典纪念品。

火山产物

想要鲜艳漂亮的火山石？不必去商店购买，你完全可以自己收集！在卡马利和佩里萨的红白两个海滩上，你可以看到各式各样、色彩缤纷的浮石与熔岩。

红酒与酒精饮料

岛上众多的酒庄是购买葡萄酒的最佳地点，你可以在那儿先品尝，再做决定是否购买。最好的当地锦囊果渣白兰地产于卡马利的艺术空间展览馆，隶属于收藏家安东尼奥·阿吉罗斯。在这儿，艺术和酒坊巧妙地融合在了一起。

费拉及周边

费拉也称锡拉（Thira），与其附属村落易莫洛林（Imerovigli）和费罗斯特法尼（Firostefani）紧靠火山口而居，镇上房屋沿火山口延伸，长度超过3千米，远远看去宛如一条白色的丝带。

费拉呈东西向横跨小岛，小镇西部清晰地勾勒出了火山口的形状，直面海洋，无所畏惧地沿着峭壁向下蔓延。而东侧则是平缓的斜坡，一直伸入爱琴海，近海处是葡萄园和圣托里尼岛典型的侵蚀谷。西部景色壮丽，令人感到身心自由畅快，因而成为著名的旅游胜地；东部风景温和，食宿都较为便宜，同样受到众多旅客的欢迎。珠宝店和纪念品商店多集中在火山口边缘，而小镇的东部则多是一些本地商店、医院和小诊所，汽车与摩托车租赁铺随处可见。如果你想畅享阳光和沙滩并小住一晚，临近小镇的卡马利和佩里萨会是极佳的选择。你可以从费拉乘坐班车前往，方便快捷，票价实惠。

费拉汇集了岛上所有著名的博物馆。从费拉出发的班车直达岛上所有其他小镇、村落。小镇东侧除沃夫鲁斯（Vourvoulos）古村之外，也没有其他知名景点了。

上图：费拉的天台餐厅

火山口边缘明亮的白色丝带——介于喧嚣与宁静之间的美妙小镇令人心醉。

费拉

（Fira）（折页 E4）费拉本地人口将近2000人，是圣托里尼岛的中心。在过去，易莫洛林、费罗斯特法尼和远离火山口的肯托切里（Kontochori）都独立于费拉，后来逐渐融为一体，才被合并过来，成为费拉的附属地区。

许多游客往往由于时间紧迫，无意游览费拉的古老遗迹，小镇的主城区才是他们的主要目标。为满足这种急客的需求，主路上充斥着各式的体验项目。易莫洛林和费罗斯特法尼毫不逊色于费拉城区，反而更显宁静。费拉三个主要区域的设施都很完备，都有景色奇丽的火山观景酒店、美味的餐厅和一流的小酒馆。只有在夜生活方面，费拉城区才略胜一筹。

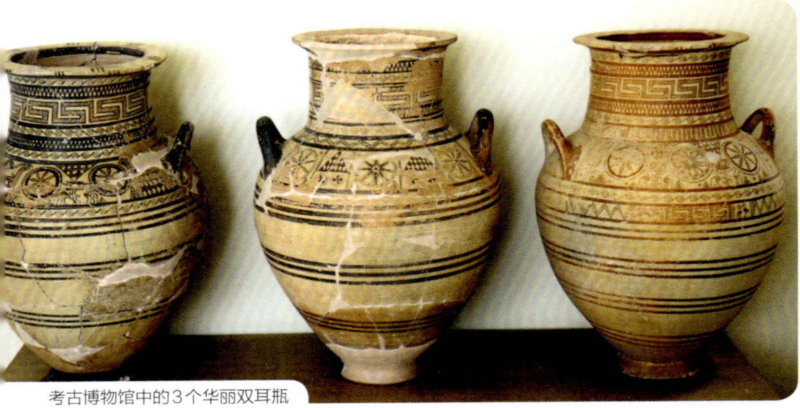

考古博物馆中的3个华丽双耳瓶

景点

只需5个小时，你就可以遍览费拉的博物馆，漫步于圣托里尼岛长达5000年的历史之中。中央汽车站对面的史前博物馆（Prahistorischen Museum）展示了岛屿上最古老的历史，你的博物馆之旅或许应从这儿开始。

当历史的车轮滚动到了公元前1600年时，你就该离开这座颇具现代风格的建筑，移步至考古博物馆（Archaologischen Museum），这儿将完美衔接上一段历史，为你徐徐讲述下一个故事。

公元元年，基督诞生。你可以绕道前往东正大教堂（Orthodoxe Kathedrale），了解这个宗教如何在过去2000年中塑造了希腊人民的信仰。

然后，你将前往梅加罗吉齐文化中心（Megaron Ghizi）继续历史之旅。你将邂逅罗马天主教统治时期的圣托里尼岛，观看迄今最后一次火山爆发的照片，还有1956年大地震的相关影像资料。

最后，你将来到圣托博物馆（Santozeum）。在这儿，你将观赏到来自阿克罗蒂里的史前壁画的复制品。如此首尾呼应，一切仿佛又回到了原点，博物馆历史之旅也将就此画上一个完美的句号。

考古博物馆（Archaologisches Museum）★

古希腊的风貌元素贯穿全馆，连收银台上都摆放着来自阿克罗蒂里的史前古玩。馆内最令人瞩目的藏品当属大厅过道里陈列柜顶层的3个小陶罐，每个陶罐上都明晃晃地挂着两个乳头形状的装饰，它们也因此得名“乳头罐”。当你走进气派的博物馆大厅，往顺时针方向走，请注意左手边有一个悬挂在空中的展柜，那里的展品是馆内众多珍宝中最别具一格的一件——一尊彩绘赤陶女性雕像，高约30厘米，来自公元前7世纪下半叶，保存得相当完好。这尊女性雕像姿势痛苦，撕扯着头发，而这个姿势后来也被希腊著名电影《希腊人佐巴》中的怨妇一角所沿用，成为古希腊文化的知名意象。

大厅左侧是一个来自公元前7世纪的陶皿，上面绘满了华美的花纹与图案。大厅中央是两个被称作kouroi（音译为“库里”）的裸体青年石雕。但遗憾的是，这两尊雕像都未被完整地保留下来。在公元前7世纪，这样的雕像遍布爱琴海上的岛屿，用来表示对太阳神阿波罗的尊敬。通过其中一尊保存较完好的雕像来判断，它的体格已经超过了真人大小。继续往下走，你将在壁橱中看到许多彩陶，它们都来自公元前7至8世纪。之后的第一个立柜里展示着带有小熊形象的展品，十分精美有趣。当你来到一个面积较小的横厅，务必要去看看那个独立展柜中的两个陶皿，皿内绘制了当时的战舰图样：船头的撞角（译者注：古时用来撞击摧毁敌船的武器）清晰可见，舰长的形象被刻意放大，相比之下，当地锦囊 船员的面部需要仔细看才能勉强地辨认出来。在横厅尾部的独立展柜中展示着一个特殊的陶器展品，似乎不太适合青少年观赏。这个陶制酒杯带有浓郁的古希腊神话风采，图案上绘制了一个带角的半兽人跨坐在一匹怀孕的马上，这是狄俄尼索斯的随从——森林之神，是懒散和好色的象征。狄俄尼索斯是古希腊神话中著名的酒神与生育之神，因此，图样上的森林之神拥有硕大的男性生殖器。🏠 火山口巷北端，缆车站附近 🕒 每周二至周日，8:00—15:00 ¥ 门票2欧元

梅加罗吉齐文化中心（Megaron Ghizi）

文化中心的前身为威尼斯殖民者的民居，居住着历史悠久的吉齐家族，后归罗马天主教会所有，在1700年左右改建为博物馆。如果你对宗教有着浓厚的兴趣，入内参观自然是个不错的选择，不然的话，还是美丽的庭院更容易讨你欢心。馆内收藏了自1550年来教会所发布的条约、遗嘱、信件以及其他文书，还有圣托里尼岛和基克拉泽斯群岛的历史地图。这些彩色的版画或印刷物为我们展示了身着传统服装的岛民的生活状态，以及村落和岛屿的自然风光。

在博物馆二楼，你可以看到希腊和其他国家画家的现代艺术作品。画家们或长住于圣托里尼岛，或遍游小

必游景点

★考古博物馆
馆内的两个展厅将带你纵观圣托里尼岛2500年的历史，给你带来一段难忘的历史之旅。→P.36

★缆车
惊险刺激的体验项目，从天空到地面只需要两分钟。→P.38

★史前博物馆
馆内陈列了从阿克罗蒂里遗迹发掘的系列文物。→P.40

★圣托博物馆
在这里，你能看到3500年前希腊房屋的内部装饰。→P.41

★卡帕里餐厅
即使无法看到火山口的景致，依然极富情调。→P.43

★马提艺廊
馆内展品材质多样，由青铜、压缩玻璃或金属制成，为你展示圣托里尼岛的渔家生活。→P.45

岛，对岛上的美丽了如指掌。🏠 奥多斯·埃里特罗·斯塔夫伦大街（Odos Erithrou Stavrou，可从缆车站和考古博物馆出发，一路有路标指示）🕒 每周一至周六，10:00—22:00，周日10:00—16:00 ¥ 门票3欧元

缆车（Kabinenseilbahn）★

自20世纪80年代初起，正是这一上一下的两条线路以及每条线上的6个缆车小厢，将费拉城区和旧港口连接了起来。高度相差225米的距离在两分钟内就可以走完。缆车产自奥地利，是船东赠予家乡的礼物，现归费拉所有。🏠 山顶站设在火山口边缘，离考古博物馆不远（根据路标很容易找到）🕒 每天6:30—21:00，夏季视情况延长开放时间 ¥ 单程5欧元

天主教区（Ta Frangika，塔弗兰吉喀）

缆车山顶站的东侧就是天主教区塔弗兰吉喀，意为“法兰克人的”。这是因为自18世纪初，在罗马天主教结束对圣托里尼岛的统治后，仍有很大一部分天主教徒选择留在岛上，后被俗称为“法兰克人”。在缆车站和梅加罗吉齐文化中心之间，矗立着本教区最重要的两座建筑——多米尼加修道院（Dominikanerinnenkloster）和罗马天主大教堂（Romisch-katholische Kathedrale）。

步入修道院，迎面而来的是圣水盆、告解室与圣人的雕塑。修道院中来自各国的多米尼加修女总会给予游客最热情的欢迎（教堂每天开放时刻为1:00、6:15、7:45、12:15、16:10、18:00、19:30、21:00）。而斜对面的小型罗马天主教堂始建于1823年，专门供奉施洗约翰 🕒 礼拜时间为每周六19:00、每周日10:00和19:00。除此之外，白天均可自由进出教堂

视野极佳的短途旅行——从费拉旧港搭乘缆车直达高处

圣尼古劳斯修道院（Kloster Agios Nikolaos）

修道院内住着两位和蔼可亲的修女，这也使它成为岛上唯一一座至今仍有人居住的东正教修道院。修道院的历史可回溯到1674年，但直到1820年才最终建成。圣尼古劳斯修道院通常大门紧闭，但当好奇的游客按动门铃时，它也乐于接受访客。修道院中大量的圣尼古劳斯圣像默默地向游客诉说这位水手、渔民和孩童的守护神是如何创造一个又一个奇迹的。不同寻常的是，该修道院还悬挂着一系列圣托里尼岛东正教主教的肖像画。🏠 易莫洛林，火山口小巷的北端 🕒 6—9月，每天8:00—12:30，16:00—19:00 ¥ 免费入内

东正大教堂（Orthodoxe Kathedrale）★●

这座坐落在火山边缘的圆顶白色建筑十分显眼，是圣托里尼岛的一大标志性建筑。教堂于1872年在地震中被毁，直到1956—1957年才重建完成。一眼望去，教堂内奢华的装饰夺人眼球：昂贵的水晶吊灯，华美的圣像，而最令人叹为观止的当属精美的巨幅天顶画和壁画。画作受东正教信徒资助完成，它的作者是克里斯托普洛斯·阿西米斯（Christophoros Assimis），他来自伊索格尼亚，1945年于圣托里尼岛出生。来访之前，你最好先了解一下这个礼敬圣母马利亚的教派，或许有助于你更好地理解这一信仰和教会艺术。

当你步入教堂，请抬头看看圆顶上的画作，它处于教堂的最高点，象征着天堂。与东正教教义相对应，教堂顶部的画作形象皆为基督，他在希腊语中被称作“全能的天主”（Pantokratoras），是万物的主宰。教堂拱肩位置则绘制了四位福音传道者，这是东正教教堂中最常见的人物。人们相信，这四位传道者连接了天堂与人间，只有通过他们才能了解上帝的存在，聆听上帝的声音。

现在，请望向前方的圣幛（译者注：东正教建筑中用来分隔空间的墙壁、布帘或屏风等），它将教堂正殿与圣坛分割开来。壁画左侧绘制了“圣母领报”的故事，即大天使加百列向圣母报喜，宣布她受圣灵感孕，这也是耶稣生命的开始。往圣坛方向走，耶稣充满苦难的一生淋漓尽致地铺展在墙面上，拱门下的壁画记叙了耶稣升天的故事。教堂后殿也有表现圣母生平的系列圣像画。🏠 火山口小巷 🕒 每天从日出到日落 ¥ 免费入内

史前博物馆（Prahistorisches Museum）★●

博物馆内珍藏了众多1976年从阿克罗蒂里出土的文物，建议按照逆时针方向参观。在博物馆B室中，展品旁都有详细解释。右侧的陈列柜展出了早期熔岩层上的动植物生活痕迹，甚至还有6万年前橄榄树叶的标本。

继续往前走，你将看到来自公元前2800年至公元前2400年的基克拉泽斯雕像，其中多数雕像为女性形象，特点突出。它们大多拥有扁平面部和长鼻子，颈部长而畸形；胸部突出，颇具暗示意味；双臂叠于胸前，与胸部共同构成三角形状，象征着人的耻骨三角。

当地锦囊 阿克罗蒂里古城遗址的大型模型栩栩如生，令人瞩目。如果你未曾亲临古城，那么这个模型将赋予你最直观的古城印象。公元前17至公元前16世纪，阿克罗蒂里古城达到全盛。在接下来的展室中，考古学家将为你介绍当时居民高质量的生活水平，以及那时的社会运作体系。在阿克罗蒂里模型后方的第一个展柜中，许多被火山灰埋藏多年的文物重现于世人眼前，有古代木椅和三脚桌子的复制品、便携式陶制烤箱以及两个细长的陶土长凳，这两个小凳被塑造成了小狗的形状，被当作放置烤串扦的支架。下一件单独放置的藏品有点出乎意料——一个浴缸，或许这与阿基米德的浴缸有异曲同工之妙。剩余的展柜陈列出古希腊人其他精妙的测量工具，在他们的智慧与妙手之下，重量变得可感、可视。

馆内闻名世界的阿克罗蒂里壁画将是你参观的第二部分。当然，除却壁画，馆内还有众多小物件同样展示出了阿克罗蒂里前人高超的绘画技巧。各式各样的彩绘碗经历了3700年的风吹雨打，碗的内壁仍有颜料和石灰残留。一个三脚桌式的祭坛上绘有海豚，十分精美。

史前博物馆的最后一个大厅为人们展出了公元前17世纪的两幅湿壁画（译者注：指用熟石灰颜料与水混合，然后作画，有不易剥落、颜色鲜明之效）。其中一幅绘制了一个难以辨认四肢的哺乳动物，另外一幅则描绘了八只猴子嬉戏打闹的场景。这幅《八猴嬉戏图》中每只猴子形态各异，其中七只以侧面示人，唯有一只猴子可见正面轮廓。

最后，博物馆以一件别具一格的艺术作品结束你的参观之旅——一只来自公元前17世纪的金山羊雕像。该作品于1999年12月12日在阿克罗蒂里被发掘出来，高11厘米，宽9厘米，重180克，连带一个精美的金色托盘。金山羊的珍贵不仅因其别具美感，更是因为阿克罗蒂里遗迹出土的金质艺术品十分稀少——居民们都在火山爆发之际带走了大量贵重的金属物件。同时，金山羊的出土也给考古

省钱有道

如果你想在费拉找一家实惠的酒店，却没有事先预订，可以前往营地附近的支路（路标指示清晰），或是北部的平行车道，那儿一定能满足你的要求。

同样，费拉的斯坦诺斯餐厅因其低廉的价格、快捷友好的服务吸引了一众旅客。餐厅位于费拉中心广场南部的右转车道旁。

东正大教堂旁的裸体雕塑面向马提艺廊

工作者们带来希望，火山灰下可能埋藏着更多贵重的金属艺术品。🏠 中央汽车站对面 🕒 周一至周三8:00—15:00 ¥ 门票3欧元

圣托博物馆（Santozeum）★

该博物馆于2011年起对外开放，采用3D技术复原了拥有3500多年历史的阿克罗蒂里壁画，其修复过程严格依照科学标准，精心修复原始壁画。与雅典国家考古博物馆（Archaologischen National Museum）和费拉的史前博物馆中展出的少量原件一样，3D版复制品也清晰完整地展示出了已出土的部分，未出土或残缺部分则采取现代技术补足，因此整体的还原度极高，虚拟画卷的长度甚至超过了原件 🏠 缆车站附近，有路标引导 🕒 5—10月，每天10:00—18:00 ¥ 门票5欧元 @ www.santozeum.com

旧港（Old Port）

一条587级的宽阔鹅卵石路将费拉的火山口小巷与旧港相连，当地人也把旧港称作“斯加拉”（Skala，希腊很多的船舶停靠点都会叫这个名字）。在过去，港口常有渔船和滑翔机停靠，如今大多都是豪华游轮和渡船在此往来。岸上常有数十头驴子和驴夫在等待运送游客，在15分钟的上山途中，游客需要防范动物踩踏，或踩到粪便。无论如何，通过这条路进入费拉是一个不错的选择。当然，你也可以选择乘坐缆车。码头上设有咖啡厅、小酒馆 ¥ €€，还有纪念品商店和旅行社

斯卡罗斯岩石（Skaros Rock）

在易莫洛林下方凸起一块体积硕大、形状怪异的巨石，上面有许多清晰可辨的弹坑，这是由1207年至16世纪中叶，即威尼斯统治期间发动的数

费拉的“出租车”：搭乘缆车自然是快捷舒适的，但骑在小毛驴背上更具风情

场战争造成的。当时的统治者甚至还在岩石上方建立城镇，贵族和罗马天主教主教都住在其中的城堡内。而后占领圣托里尼的土耳其人不放心摇摇欲坠的岩石，放弃在斯卡罗斯定居，转而前往易莫洛林和费拉等地。斯卡罗斯的最后一位居民于1811年迁离后，这儿成了一座空城。1956年，圣托里尼发生的大地震对年久失修的房屋和城堡造成了进一步破坏，以至于今天，游客们只能看到过去城市的零星痕迹。

对于喜好登高望远的游客而言，岩石上的阿奇奥乔治斯教堂（Kapelle Agios Georgios）十分值得前往。它矗立在风景秀美的瞭望台上，从这儿下山，你将在途中经过一家名为蓝色印记（Blue Note）的餐厅。从这家餐厅起，有一条蜿蜒的小路将带着你继续往上攀登，然后跨过山的鞍部，最后回到斯卡罗斯岩石之上。不远处的艾言克里索波里提萨小教堂（Kapelle Agia Theoskepasti）是勇者的目标，教堂圆顶紧紧依偎着岩石，地势相当复杂。🏠 易莫洛林 ¥ 免费进出

民间博物馆（Volkskundliches Museum）/民俗博物馆（Folklore Museum）

馆主希望通过自己的私人藏品向游客展示圣托里尼居民在过去是如何工作、生活的。博物馆的前身是一个酒窖，深入火山岩35米。窑洞内陈设古朴，原汁原味。此外，洞内还复原了木匠、铁匠、鞋匠和桶匠等各类工匠的小作坊。二楼的图书馆收藏了海量的圣托里尼岛题材的书以及早期的旅游手册。🏠 肯托切里，藏身于费拉通往伊亚之间的路面之下 🕒 5—10月，每天10:00—14:00 ¥ 门票3欧元

美食

亚特兰蒂斯的狄俄尼索斯（Dionysos in Atlanis）

虽然无法看到海景和火山口景观，但餐厅位处中心，价格实惠，带有超大天台，可供观景。同店内装修风格一致，餐厅的正宗希腊菜肴本分而不花哨。店内的渣酿白兰地（tsipouro）是一大特色，精选各品种的葡萄酿制而成。🏠 奥多斯·埃利特罗·斯塔夫伦道，靠近缆车站 🕒 每天中午12:00后营业 ¥ €€

卡帕里（Kapari）★

餐厅环境优美，天台上茂密的三角花丛宛如垂帘，顾客们能在这儿享受创意满满的圣托里尼岛美食。餐厅价格实惠，不因亮丽的火山口风光肆意抬价。在这儿你可以品尝到面包配刺山柑、黄油，来自克里特岛的果渣酒和米克诺斯岛最好的奶酪。同时，餐厅还供应各个品种的圣托里尼岛番茄和科孚岛特色意大利面，以及爱奥尼亚群岛的炖牛肉。🏠 距街道约300米，往费罗斯特法尼方向 🕒 每天16:00后营业 ¥ €€

契波斯（Kipos）

一家价格亲民的小烤吧，餐厅后部带有花园露台。烤吧无异于普通的希腊餐厅，其快捷的服务方式常让人恍惚，怀疑自己并非身处圣托里尼岛。餐厅提供烤乳猪和希腊特色烤羊杂（kokoretsi），即用羊肠将羊羔的内脏包裹起来，成串烤制，常配以大量芥末。🏠 奥多斯马提欧25大道（Odos 25is Martiou）🕒 每天营业 ¥ €

库古马瓦罗斯（koukoumavlos）

这家时尚的美食餐厅建于火山垣上，多次获得希腊著名美食指南颁发的“金厨师帽”奖，而全爱琴海群岛只有3家餐厅获此殊荣。餐厅老板兼主厨尼克斯·波利亚西斯（Nikos Pouliasis）选用本土石材，动用奇思妙想，魔术般地烹饪出诸多绝佳菜品，如用希腊摩卡咖啡精制烩饭，或者是将传统扁豆酱与熏制鳗鱼、百香果慕斯相结合。如果你想要一尝美味，建议先拨打电话预订。🏠 亚特兰蒂斯酒店地下 🕒 每天19:00后营业 ¥ €€€ 📞 22 86 02 38 07 @ www.koukoumavlos.gr

当地锦囊 凯拉·尼基（Kyra Niki）

如果你愿意放弃美丽的景色，换取物美价廉的希腊菜肴的话，凯拉·尼基餐厅是个不错的选择。多数菜肴可以直接前往展柜自主选择，同时摊位上还会摆上新鲜蔬菜和各种泡菜。盛放顶级沙拉的餐具也是可以食用的，由来自纳克索斯岛的硬奶酪制成。在午间，常有不少当地商贾和官员光临餐厅。🏠 位于机场路（Ri. Flughafen），距公交车站约800米 🕒 每周一至周六11:00后营业 ¥ €~€€

米勒斯（Mylos）

这座冬日花园位于火山口边缘，三面紧靠一座圆形风车，是一个躲避恶劣天气的好去处。餐厅景致美轮美奂，菜品来自世界各地，种类多样，同时还会提供6款畅销菜品小样供你挑选。餐厅同时提供素食。🏠 火山口边缘小道，费罗斯特法尼 🕒 每天16:00后营业 ¥ €€ @ www.mylossantorini.com

当地锦囊 那欧萨（Naoussa）

这座享誉盛名的餐厅于2013年迁至火山口边缘。虽兼备美景佳肴，但餐厅并没有因此升高价格，成为同类型餐厅里最实惠的一家。优越的条件吸引了众多顾客，前来就餐往往需要排队等待。餐厅店主来自马其顿，为顾客提供颇具马其顿风味的希腊菜肴。🏠 Odos Georgiou D.Nomikou 🕒 每天12:00后营业 ¥ €€ @ www.naoussa-restaurant.com

尼古拉斯（Nikolas）

这家无窗、内外空间狭小的小饭馆是费拉的元老级餐厅，在时间的冲刷下依然倔强地保持原貌。餐厅只提供传统菜肴，选择范围较小，但这并不妨碍它的超高人气，美味的菜品常常吸引众多游客排起长龙。餐厅不接受预订。🏠 Odos Er.Stavrou，靠近费拉的帕拉提亚区 🕒 全年无休，每天12:00后营业 ¥ €€

西摩斯（Simos）

餐厅风格古典，一流的美食弥补了无法观景火山口的遗憾。不必点主食，你可以尝试经典的希腊小吃拼盘（mese）作为晚餐。店主会将各式小菜端到顾客面前，让客人任意挑选搭配。🏠 在易莫洛林通往费拉的主路左侧，费罗斯特法尼 🕒 每天营业 ¥ €

阿尔高餐厅（Argo Restaurant）

如果你想要享受蜜月中地道的地中海日落晚餐，可以选择这个环境优雅的餐厅。从这里可以看绝美的经典日落，二楼景观更好。这里有地道的希腊和意大利式料理，沙拉、牛排、红酒、意面、海鲜拼盘等，海鲜很新鲜，份量足，性价比高，服务也很好，相信会为您留下美好的回忆！🏠 通往旧港的路上 ¥ €€ 📞 22 86 02 25 94 @ www.argorestaurant.com

购物

超凡美术馆（Art Gallery Phenomenos）

圣托里尼著名画家克里斯托普洛斯·阿西米斯（Christophoros Assimis）是东正大教堂壁画的作者，你可以在这里买到他的画作，这些水彩画多以圣托里尼岛的景致作为题材。同时，他的妻子艾里妮·克拉特·阿西米斯（Eleni Kolaitou-Assimis）的出色的珠宝与雕刻作品也会在这里展售。🏠 费布列卡购物中心，紧挨火山口边缘的小道上

当地锦囊 书·时尚（Book & Style）

这家书吧无愧为岛上最现代、最精致的书店。店内不仅提供多种译本的希腊与圣托里尼岛文学作品，还有带圣托里尼岛元素的希腊音乐唱片、拼图等各种小玩意儿，当然了，贴好邮票的明信片一定不会少。🏠 帕拉提亚，费拉南端

陶艺工坊（Ceramic Art Studio）

在圣托里尼陶艺家安德烈·阿勒弗拉基斯（Andreas Alefra Kis）的陶艺作品展馆中，你可以买到烛台、花瓶和陶碗等畅销作品，这些陶器凝结了传统希腊陶艺与日本濑户烧瓷技艺（Rakou Technik）的精妙。🏠 位于会议中心附近的火山口小巷

米勒斯咖啡厅：你可以在这个风车咖啡厅内品尝希腊现代美食，欣赏壮丽景色

欧诺斯托（Ernesto）

希腊情侣艺术家安妮塔（Anita）和欧诺斯托（Ernesto）专心制作各种精致的木制小玩意儿，如木盒、灯具、木制玩具、木框架、木制国际象棋或德维亚棋（译者注：希腊式象棋）。🏠 Odos Er.Stavrou，靠近缆车站

希腊时装（Greek Clothe）

圣托里尼岛的时装店中鲜有希腊时装设计师的作品。希腊本土品牌 Raxevsky 将带你领略最纯粹的希腊风情。店内服装款式多样，从轻便的夏装到耀眼的晚礼服应有尽有。同时，John P系列的希腊风格衬衫同样值得男士们拥有。🏠 东正大教堂北部的火山口边缘小道。@ www.raxevsky.gr

拉罗尼斯（Lalaounis）

拉罗尼斯是希腊最著名的珠宝商，以他名字命名的品牌门店遍布世界，圣托里尼首府自然不会被遗漏。即使你已在拉罗尼斯的网站上大饱眼福，初步了解了这位珠宝大师的设计风格，其精美的饰品依然值得你亲眼观赏！🏠 东正大教堂旁边的火山口边缘小道 @ www.iliaslalaounis.eu

当地锦囊 列奥妮·施密德尔（Leoni Schmiedel）

这位才华横溢的女艺术家来自德国杜伊斯堡，自1997年起迁居圣托里尼岛。她发明了剪贴画这种别具一格的艺术形式，除却自然中的一石一木，旧书和信件也可以成为她作画的原材料。同时，其画作所使用的颜料由熔岩沙和岛上特有的火山灰加工而成，画面色调完全是圣托里尼岛风格的写照。如果想一览列奥妮的奇思妙想，火山口边缘的艺术展馆欢迎你。🏠 费罗斯特法尼，从火山口边缘的教堂广场出发，按路牌指示即可到达

马提艺廊（Mati Art Gallery）★

这个风格独到的艺廊建于1989年，由希腊雕塑家雅各斯·基普里斯

佩里沃洛斯的海滩——深色沙子质地细软，海滩十分清净

（Yorgos Kypris）及希腊艺术家团体“Studio 71”共同建造完成。雅各斯热衷于以鱼为创作题材，他作品中的鱼儿是人类贪婪的受害者，它们要么只剩一副骨架，要么被塞在罐头中。你可以在艺廊中购买雕塑、摆件、壁饰和吊坠等各种精美艺术品。他的作品，如雕塑中的小船，多以青铜和压缩玻璃为主要材料，同时也会采用钢和铁。🏠 位于东正大教堂旁边的费布列卡购物中心 @ www.matiartgallery.com

当地锦囊 **新式艺术（New Art）**

普通的T恤、汗衫和夹克在科隆艺术家维尔纳·汉佩尔（Werner Hampel）的手里都可以变成艺术品。衣物上的所有花样都由维尔纳自主设计，每年都会更新。图样主要以变形的神秘符号、标志和字样为元素，以“行走的人”（Walking Man）为标志。🏠 紧邻火山口边缘小道的费布列卡购物中心

沙滩

如果你住在费拉、费罗斯特法尼和易莫洛林，能在酒店泳池中游泳自然再好不过，但如果你下榻的地方没有泳池，乘坐班车前往各大海滩也不失为一个便捷实惠的方法，从费拉到卡马利、莫诺里霍斯（Moholithos）、佩里萨和佩里沃洛斯（Perivolos）都十分方便。

夜生活

古典咖啡厅（Cafe Classico）

该咖啡厅实为观赏日落的好去处。想象一下，夕阳西下，你坐在露台上，火山口的景致尽收眼底，柔和的音乐伴着余晖在空气中缓缓流淌，随后还有一场希腊本土音乐盛宴。位置如此优越的餐厅，消费依然是白菜价。🏠 靠近东正大教堂的火山口边缘小道

谜之酒吧（Emiga Club）

30多年来，无论是当地人还是

外国游客，这家酒吧的迪斯科舞厅一直广受青睐。人们先是在白色的室内舞池起舞，临近午夜，狂欢的人群甚至会涌向庭院和露台。🏠 从费拉到伊亚的主干道左侧50米处 @ www.enigmaclub.gr

当地锦囊 **基拉·锡拉（Kira Thira）**

这家小酒馆由老板亲自设计，店内常常萦绕着爵士乐，艺术气息十分浓厚。店主亲自绘制了酒馆内的壁画，展示了古代费拉的狂欢酒宴，同时也在店内摆放了自己的雕塑作品。酒馆的推荐饮品是桑格利亚汽酒（Sangria一款酒水，主要的制作材料有红酒、橙、柠檬、桃、啤梨等）加以圣托里尼岛红酒。🏠 Odos Erithrou Stavrou ¥ 入场费5欧元，含一杯饮品 @ www.santorini-hotels.info/tourist-guide/restaurants/kira-thira-jazzbar.htm

“酷”俱乐部（Koo Club）

这家迪斯科舞厅颇受游客和当地人的喜爱。这里的位置外靠火山口边缘，拱形屋顶的设计给舞厅内部添加了一分开阔之感。🏠 火山口边缘小道，位于考古博物馆南部 ¥ 入场费10欧元 @ www.kooclub.gr

当地锦囊 **洛克姆（Luku Mum）**

希腊人似乎无惧发胖，晚上也是他们的甜食时间。特色蜂蜜泡芙（loukoumades）、新鲜出炉的坚果甜甜圈配巧克力或冰激凌都是他们的最爱。为满足嗜甜的希腊人，这家特色面包店一直营业至凌晨。🏠 帕拉提亚往下，靠近马诺斯汽车租赁中心（Manos Rentacar）¥ €

墨菲酒吧（Murphy's）

这家酒吧全天营业，晚上摇身变为岛上最热闹、疯狂的舞池。再严肃死板的人都难以抵抗这里的欢乐气氛，跳上桌子热舞一曲也不足为奇。如果你在白天拜访，无缘热情的夜晚，酒吧的照片墙也能带你一览这里的疯狂。🏠 Odos Georgiou D.Nomikou街道

小镇酒吧（Town Club）

相比隔壁的墨菲酒吧，这家拥有巨大舞池的酒吧更显狂野。每天更新的特价饮品和免费夜场拍摄无不吸引着人们入内。一旦入内，狂热的氛围绝不容许有人保持矜持。因此，人们对这家酒吧褒贬不一。🏠 Odos Georgiou D.Nomikou街道

住宿

在费拉与易莫洛林之间的火山口边缘，每两栋建筑就有一栋是酒店。你可以在这里体验到最纯粹的圣托里尼岛风情，但优越的条件自有其相匹配的价格。

当地锦囊 **爱琴海豪华传统聚落酒店（Aigialos）**

酒店由18世纪的建筑群改造而来，紧邻火山口。酒店宁静而温馨，前院有一个迷你泳池，并用逆流循环装置保证水质的洁净。同时，屋内还配有美味的餐吧。酒店总共有16栋独栋住宅。🏠 位于亚特兰蒂斯酒店（Hotel Atlantis）和赛琳娜餐厅（Restaurant Selene）之间，紧靠火山口边缘的下山小道 ¥ €€€ 📞 22 86 02 51 91 @ www.aigialos.gr

阿西米纳酒店（Asimina）

酒店紧挨考古博物馆，地处一条狭窄小道的中心。客房布置高雅，但部分没有火山口景观。地下一层还有美味的自助餐厅。酒店共有14个房间。🏠 Odos Georgiou D. Nomikou街道 ¥ € ☎ 22 86 02 20 34 @ www.asiminahotel.com

亚特兰蒂斯酒店（Atlantis）

圣托里尼岛首屈一指的传统酒店，位于火山口边缘。酒店始建于20世纪50年代，后经过多次翻修和现代化改造。客房面积较小（15平方米），但风格时尚，内设古董和樱桃木家具。大多数房间的阳台在火山口上方悬空而建。泳池、按摩浴缸应有尽有。早餐全天候供应。酒店共有25间客房。🏠 靠近东正大教堂，位于火山口边缘小道的南端 ¥ €€€ ☎ 22 86 02 22 32 @ www.atlantishotel.gr

当地锦囊 金星酒店（Golden Star）

这家现代化的知名优质酒店带泳池，●泳池可对外开放。从房间望去，海景和田园风光一览无余。私人停车场距帕拉提亚酒店仅200米，距火山口边缘250米。酒店提供机场和港口的免费接送服务，共有24间客房。🏠 住宅区边缘位于通往露营广场的街道上 ¥ €€ ☎ 22 86 02 31 91 @ www.hotelgoldenstar.gr

当地锦囊 科蒂酒店（Keti）

火山口边缘为数不多的、简约而又相对实惠的酒店之一，共有9间客房，房间内空调、冰箱等设施齐全。🏠 介于东正大教堂和亚特兰蒂斯酒店之间，位于通向圣米纳教堂（Agios Minas）的“54级台阶”上 ¥ €€~€€€ ☎ 22 86 02 23 24 @ www.hotelketi.gr

西罗科公寓式酒店（Scirocco Apartments）●

酒店位于火山口边缘，一共6层，内含17间公寓。来自德国比勒菲尔德的安雅·辛格斯（Anja Singos）

向下的箭头意义非凡——火山口附近遍地都是酒店与民宿

与其丈夫伊勒特里欧斯（Eleftherios）是这家酒店的主人。从酒店到汽车总站不超过5分钟的步行距离。🏠 位于东正大教堂和亚特兰蒂斯酒店间的阶梯上 ¥ €€ ☎ 22 86 02 28 55 @ www.scirocco-santorini.com

斯皮涅狄卡套房酒店（Spiliotica）

悬崖酒店几乎直接建于斯卡罗斯岩石上，酒店内部空间被划分为形状不一、装修各异的套房、公寓和泳池。例如，娜娜公寓（Nana Studio）仅两米高的吊顶被设计成了交叉穹隆的样式；而蜜月套房则占据两层，天花板采取镜像图样，房内还有精美壁画。多数公寓都有绝佳的观景视角，很多时候你甚至不必起身，睁眼即是大片的美景。酒店共有25套公寓。🏠 易莫洛林，在靠近阿奇奥乔治斯教堂（Agios Georgios）的火山口边缘小道下部 ¥ €€€ ☎ 22 86 02 26 37及22 86 02 47 67 @ www.spiliotica.com

当地锦囊 夏日时光酒店（Summertime）

现代化的客房内设有电视和冰箱，部分客房有阳台。酒店由伊勒特丽娜·克罗尼欧斯（Eleftherina Koronios）管理，距汽车总站和火山口边缘小道步行只需要5分钟。酒店共有12间客房。🏠 处于主路的下部，通往集市广场（Campingplatz）的街道上 ¥ € ☎ 22 86 02 43 13 @ www.summertimesantorini.com

塔塔基酒店（Tataki）

这家小酒店虽略显陈旧，但你难以在费拉中心地段找到比这里更实惠的选择了。这里的客房围绕花团锦簇的内院而建，虽无火山口景观，但内部陈设简约大方、井井有条。距离火山口步行需要20分钟，乘公交车只需1分钟。酒店共有11间客房。🏠 位于主广场通往火山口边缘的集市小巷，Odos Georgiou D. Nomikou街道的南端 ¥ € ☎ 22 86 02 23 89 @ www.tatakihotel.com

兹图拉斯精选酒店（Tsitouras Collection）

整个圣托里尼岛绝对找不出比这里更加昂贵而又独特的酒店了。酒店的主人——雅典律师和收藏家蒂米特里斯·兹图拉斯（Dimitris Tsitouras）在海拔300米高的地方建造了一个华美的空中楼阁。兹图拉斯将其中一个有着200年历史的老船长住所改造成5间奢华套房，一套最多可容纳6个人，旨在让客人有家的感觉。著名设计师乔瓦尼·范思哲（Gianni Versace）、莫斯奇诺（Moschino），法国演员杰克·朗（Jack Lang），希腊歌手迪米斯·卢索斯（Demis Roussos）、娜娜·穆斯库莉（Nana Mouskouri）及肯尼迪家族（Kennedys）等一众名流都曾在这里享受阳光，欢度假日。🏠 费罗斯特法尼，位于圣格拉斯伊莫斯教堂（Agios Gerassimos）北部的火山口边缘小道 ¥ €€€ ☎ 22 86 02 37 47，雅典分店21 03 60 62 08 @ www.tsitouras.com

苏拉别墅（Villa Soula）

别墅管理优良，十分安静。房间配有空调和冰箱，提供码头和机场的免费接送服务。提前在网上预订可享受折扣。别墅内共有25间客房。🏠 处于主路的下部，通往集市广场的街道上 ¥ € ☎ 22 86 02 34 73 @ www.

santorini-villasoula.gr

露营

圣托里尼岛露营广场（Campingplatz Santorini）●

广场占地11000平方米，位于肯切托里东部，步行至帕拉提亚中部只需10分钟。广场表面坚硬多尘，有芦苇编成的遮阳篷，同时也提供帐篷、简易房间和集体宿舍等供游客过夜。除露营场地之外，这儿的泳池也向游客开放。🏠 位于前往Gialos Kanakari的街道上（在主路下部，往伊亚方向）🕒 3—10月 ¥ € 📞 22 86 02 29 44 @ www.santorinicamping.gr

问询中心

在帕拉提亚的旅行社，你可以咨询到船舶、航班的相关信息，以及短途旅行推荐、旅游体验项目及住宿等相关信息。费拉的港口警察局会向游客提供从圣托里尼岛港口出发的船舶信息，具体位置靠近帕拉提亚，位于前往费罗斯特法尼的道路上（📞 22 86 02 22 39）。相比旅行社，你在这儿还能了解到前往锡拉夏岛的“尼索斯·锡拉夏”（Nissos Thirassia）号小型渡船的具体时间表，甚至能够获取从伊亚与里瓦（Riva）到锡拉夏岛的免费客船的相关信息。

周边景点

外基亚罗斯（Exo gialos）（折页G4）

这个小小的海滨住宅区人迹罕至，连带其位于卡特拉多斯（Karte-rados）下部的黑色熔岩沙滩也是莫诺里霍斯数个沙滩中最不受人待见的一个——连遮阳伞和躺椅租赁公司都不愿意在这里开展业务。但沙滩上的当地锦囊 帕诺斯餐馆 🕒 每天营业 ¥ €~€€ 的菜肴却异常美味，令人难忘。渔夫帕纳乔蒂斯和他的瑞士籍妻子会为客人提供他们亲手捕捉的新鲜海鱼和鲜甜鱼汤，同时还会用自家

圣托里尼之驴

对很多乘游轮而来的旅客而言，他们的探险之路将从费拉旧港到城区的这一段“探险之路”开始。在旅游旺季，40名驴夫会出动近400头驴子招揽生意，为旅客提供运输服务。每天早晚，驴夫们都驱赶着驴子在郊区的驴厩与港口间往返。对他们来说，经营这桩生意可不比这些驮重物的四腿伙伴们轻松。为提高收入，驴夫们也会售卖缆车门票，并从票价中赚取两成收入。有动物保护人士提出不满，指责驴夫们给驴子过重负担，驴夫们则回应说，他们一直都给予驴子最好的照顾。文创品牌店“Donkey Republic”也瞄准了这一独特现象，邀请世界各地的艺术家用玻璃纤维制成彩绘毛驴，这些微型艺术品现已公开展出，也作纪念品售卖。一部分收益将捐给位于卡特拉多斯的毛驴及其他动物收容所。

逝者之家——沃夫鲁斯的坟墓教堂看上去宛若由繁花点缀的小村

喂养的兔子制成美味菜肴。🏠 费拉，距离帕拉提亚4千米

卡特拉多斯（Karterados）（折页F4）●

村庄位于岛屿中部，逐渐被纳入费拉版图。卡特拉多斯具有圣托里尼岛的典型特征，拥有多家宾馆、酒店，数量不少的餐厅及众多教堂。除此之外，在地势较低的东部还有3个小侵蚀谷，谷内仍保留着古老的窑洞。当你来到卡特拉多斯，可以下榻在一对希腊和英国跨国夫妇经营的乔治宾馆（Pension George）。这家宾馆管理良好，价格实惠。🏠 费拉东边，位于通往外基亚罗斯海滩的街道上 ¥ € 📞 22 86 02 23 51 @ www.pensiongeorge.com

沃夫鲁斯（Vourvoulos）（折页F3）

沃夫鲁斯是岛上傍着侵蚀谷而建的村庄之一——旧时居民充分利用这里谷壁质脆的优良条件，挖凿崖洞而居。当你沿着古老的乡村小路漫步，穿过险峻的峡谷时，你会发现古代民居多数被改造成了仓库和牛棚。公交车站位于从费拉到伊亚的主路上，一条狭窄、陡峭的山路可以将你带到下方的中心广场，广场也作停车场使用。村庄的广场上矗立着常闭门谢客的阿奇奥埃夫斯塔西奥斯（Agios Efstathios）教堂和一座普通的士兵纪念碑。从这儿继续出发，往阿诺沃夫鲁斯村（Ano Vourvoulos）的方向走，在费拉—伊亚的主干路上行进约100米后，你的左手边将是著名景点——●墓村（Dorffriedhof）。当地富人多被安葬在13个蓝色小圆顶教堂中，老百姓则多葬于教堂前的墓地内。🏠 费拉，距帕拉提亚约3千米

卡马利及中部

费拉、梅加罗切利及卡马利构成了圣托里尼岛的中心地带，这里坐落着岛上最多的内陆村庄、绝大多数的葡萄酒厂以及主要的港口和机场。

滨海小镇卡马利曾是圣托里尼岛当之无愧的旅游中心，城区周边的梅加罗切利、皮尔戈斯和梅萨利亚村同样也可供你享受美好时光。

村落之间是大片的葡萄庄园。位于皮尔戈斯和梅加罗切利的风车桩表明，在岛屿旅游业被大力开发之前，谷物耕种仍然在岛内经济中扮演重要角色。值得一提的还有由熔岩沙和砾石组成的卡马利沙滩，黑色的海滩几乎给整个沿海街道镶了一圈黑边，一直延伸到莫诺里霍斯的一个供渔船和游艇停放的小型港口。

质地较软的火山灰层在长期的风吹雨打下，逐渐形成了幽深的侵蚀谷，坡向西高东低。在沃托纳斯村（Vothonas），人们曾将侵蚀谷作为躲避海盗的藏身之地，并在谷内建造村庄。古村人迹罕至，至今仍未被开发成旅游景点，还保持着原来的风貌。在卡马利地区，海拔567米的普诺菲提斯山丘是圣托里尼岛的最高峰。峰顶的延伸部分是梅萨沃诺（Mesa Vouno）裸露的山脊，考古学家正是在这儿发现了影响深远的锡拉古城（Ancient Thira）。古城始建于公元前1世纪，是岛上最重要的古代住宅建筑群。

上图：梅加罗切利的教堂及钟楼

卡马利长沙滩和众多村落是圣托里尼岛最重要的海滨度假胜地，其中囊括了大量有趣的旅游景点。

卡马利

（Kamari）（折页 H6）40年前，当圣托里尼岛旅游业还未得到发展时，卡马利（常住人口1400人）是唯一一个能够吸引游客前往的景点。那时的沿海街道仅开发了很小一部分，范围从今天的宜日尼餐厅（Restaurant Irin）到卡马利海滩酒店（Hotel Kamari Beach），后者是当时该镇唯一的酒店。

今天的卡马利已成为东部沿海地区的度假胜地，坐拥全岛最多的酒店、餐厅和酒吧。新式建筑成为今天小镇的写照，人们早已难寻过去东部中心城镇的踪迹。小镇新区坐落在沿海平原上，逐渐往普诺菲提斯山丘方向的斜坡上蔓延。相比南部的竞争对手佩里萨而言，卡马利拥有石板铺设

锡拉古城——身边皆是残垣断壁

的海滨长廊，两侧摆满了咖啡馆和餐厅的凳子。同时，这里远离繁杂车流的纷扰，更显清净可爱。卡马利的黑沙滩直接从梅萨沃诺的陡坡延伸到莫诺里霍斯北部。

景点

圣尼古劳斯教堂（Kapelle Agios Nikolaos）

在梅萨沃诺山脚下，即东部沙滩南端的阶地上，伫立着一座面积不大、默默无闻的小教堂，它常年关闭，却也成为一道独特的风景。从这儿望去，卡马利的美丽风光尽收眼底。19世纪到20世纪初，教堂旁的石窟曾被作为海关哨所。而在17、18世纪，附近其他较小洞穴则是宗教隐士的住所。

锡拉古城（Ancient Thira）★（折页G7）

在卡马利和佩里萨之间横亘着巨大的梅萨沃诺岩石，陡峭的岩壁直插爱琴海。在梅萨沃诺的山脊上，岛屿的主要建筑群——锡拉古城历经千年的风吹日晒。1886—1902年，在德国男爵希勒·冯·盖特灵根（Hiller von Gartringen）的资助下，厚埋于6米深的泥土和火山灰之下的古城得以重见天日。1990年起，考古专家又进行了一次长达4年的后续研究，后来得到了欧盟的资助，使得古城的绝大部分地区得以开发，并配备大量解说板。如果你对古希腊文化没有较多的研究，转战梅萨沃诺山顶是个不错的选择，在那儿你可以领略到更加别致的自然风光与古城景观。步行登顶需要45~60分钟，你也可以骑毛驴或驾车前往。古城始建于公元前1世纪左右，由来自希腊大陆的多利安人建造。如今我们看到的大部分古城遗迹都来源于希腊化时期（希腊化时期一般指亚历山大大帝征服北非、西亚和希腊的时期，包括他去世后建立的三个王朝，时间跨度从公元前334年持续至

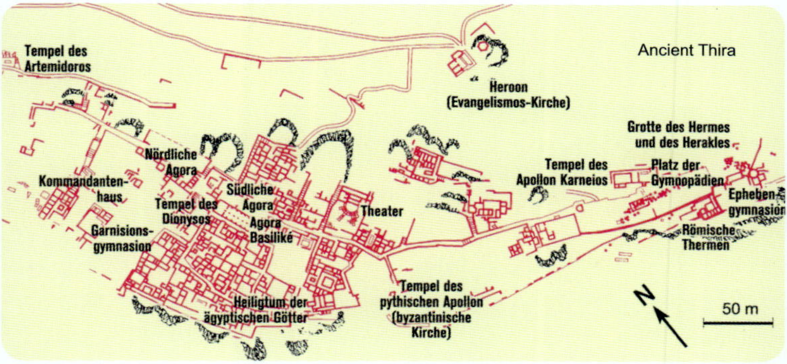

公元前1世纪），在当时古埃及托勒密王朝法老的管辖之下，圣托里尼岛成为重要的海军基地。到了古罗马时期，圣托里尼岛逐渐失去了战略重要性。直到拜占庭时期，圣托里尼岛的军事基地最终被正式废除。

古城之旅的第一站是圣斯特凡诺斯小教堂（Kapelle Agios Stefanos），其前身是早期基督教教堂的遗址。在古代的方石块的基础上，人们用彩色熔岩砖砌起坚实的墙壁，两个拱形的屋顶则由古建筑中的断柱搭成。穿过一个严重风化的木门，你就来到了教堂内部。

当你来到面向卡马利的那侧山脊，会看到阿特米多罗斯圣殿（Temenos des Artemidoros），这座来自托勒密时期的建筑用于放置祭品。岩壁的老鹰浮雕是“众神之王”宙斯的标志，狮子则象征着古城居民最崇敬的太阳神阿波罗，还有象征海神波塞冬的海豚以及阿特米多罗斯个人的肖像。离开圣殿，小路渐显开阔，引领你来到古阿格拉（agora）集市广场。广场纵向长100米，但因空间原因，广场呈狭窄的长条形。受风力影响而扭曲变形的树下有现代安置的长椅，供游客休息。在阿格拉广场中部，有一条楼梯直通狄俄尼索斯古庙遗址。狄俄尼索斯是古希腊著名的酒神、戏剧之神与生育之神。楼梯口有两个圆圈，象征着男性生殖器——或许是旧时罗马妓院的路标，人们在这里摆放祭品。最后，你将到达古城最美丽的地方——建于公元前2世纪的剧院遗址。该剧场可容纳约1500名观众，观众席下方的大凹槽曾作为蓄水池使用。

前往海角的路有时会被封锁起

必游景点

★ **锡拉古城**
岛上各个历史时期遗迹荟萃于此。→ P.54

★ **卡马利露天影院**
在月光下观看最新上映的电影，享受顶级音效。→ P.59

★ **圣伊比斯科比教堂**
从神庙摇身一变成为基督教教堂。→ P.65

★ **皮尔戈斯村**
颇具中世纪风情的、最美的圣托里尼村落之一。→ P.66

来。当道路可通行时，你将来到一块巨大的岩石露台上。在多利安时代，这里是向阿波罗献礼的宗教中心。在祭礼上，古希腊青年们裸露身体，翩然起舞。在此过程中，典礼观众会将最英俊少年的名字刻在众神的名字旁。岩壁上的这些涂鸦最早可追溯到公元前7世纪。此外，露台上还有一座建于公元前6世纪的阿波罗神庙，对游人开放。步入不大的正门，你将看到神庙的真正面貌。神庙屋顶平坦，分为前厅和主厅，主厅的天花板上绘制了众神像。阶梯下方的石窟中还供着赫尔墨斯——商业与偷盗之神以及多利安人的传奇先辈——赫拉克勒斯的雕像。

从剧场出发，一条小路将从梅萨沃诺山顶通往面向佩里萨的山丘一侧。首先映入眼帘的是供奉埃及众神的神殿，始建于公元前2世纪。石凳上立着众神的塑像，壁龛中摆放着供品。走过神殿，你将看到保存完好的古蓄水池、托勒密时期高官官邸及古希腊体育馆的地基，以及托勒密士兵摔跤、拳击的搏斗场。🕒 周二至周四，8:00—15:00 ¥ 门票2欧元

从卡马利到古城十分方便。卡马利主干道会往锡拉古城方向分出一条支路，这条蜿蜒曲折的石路表面粗糙不平，但不妨碍行车，你可以在这里乘坐当地锦囊迷你巴士前往古城（单程车费6欧元，往返10欧元）🏠 可在有“锡拉古城之旅（Ancient Thira Tours）”标识处购票（靠近公交车站）🕒 周二至周日，9:00、10:00、11:00、12:00及13:00整点发车。📞 22 86 03 24 74，也可以在售票处租赁毛驴上山（往返需40欧元）

梅萨沃诺悬崖沿海街道（Steilkuste des Mesa Vouno）

当你乘船在卡马利和佩里萨之间往返时，梅萨沃诺山坚实强劲的山体，怪异乖张的线条将令你印象深刻。“埃列尼”号渡船紧贴陡峭的沿海街道而行，风平浪静的海面下暗潮涌动，轻轻晃动的小船有时也会剧烈摇摆起来。🏠 从卡马利沙滩出发，到达佩里萨北部沙滩末端 🕒 8:00—17:00，每小时一班船 ¥ 单程5欧元

美食

阿玛蒂亚餐厅（Amalthia）

这家大餐厅完全是为旅客量身打造的，拥有一个精致可爱的花园和摆满鲜花的阳台。店内菜品多样，服务亲切友好，令人愉悦。餐厅的希腊式烤羊肉（kleftiko）是一绝——用铝箔纸与防油纸将羊肉与香料、洋葱、蔬菜、奶酪及土豆包裹起来，送进烤箱煨烤而成。🏠 卡马利南部，位于入岛方向的主干道上 🕒 每天17:00开始营业 ¥ €€

当地锦囊 格里尼酒店（Galini）

酒店旗下的一家名为“时光静好（Heitere Gelassenheit）”的餐厅可谓名副其实，餐厅四周僻静，远离喧嚣，距海边仅10米。客人可在海景阳台上用餐，同时一览秀美风光。这家小餐厅可容纳80人，陈列柜中放置各式海鲜供客人挑选。其中最多的是一种被当地人称作“帕希马蒂亚”（paximadia）的小鱼，常被油炸处理，肉质嫩薄，鱼刺很少。天气较冷时，可以在室内用餐。店内的熔岩墙上配以渔网作装饰，一定会带给

位于圣帕拉斯凯维海滩的时光静好餐厅——室内温暖舒适，室外风光无限

你舒适温暖的体验。白天，家长们可以在小店内歇脚，任孩子们在沙滩上玩耍。到了晚上，小店四周无其他光源烦扰，你将拥有一片璀璨夺目的星空。🏠 圣帕拉斯凯维海滩（Agia Paraskevi Beach），位于卡马利北部3千米处 🕒 每天营业 ¥ €€

艾吉宜餐厅（Irini）

小餐馆建于1965年，是卡马利元老级的餐厅。虽然旁边的新式建筑将这个老餐厅包围得严严实实，但它依然在现代化的小镇上顽强挺立，保持着自己传统的风格。店长艾吉宜（Irini）老夫人常戴着一顶太阳帽，向顾客们展示前巴伐利亚州长弗朗茨·约瑟夫·施特劳斯（Franz Josef Strauß）在来访记录中的签名。小店可没有借这位著名德国政客的来访故弄玄虚，这里鲜美的海鱼与可口的特色菜肴值得一尝。🏠 海滨长廊南端 🕒 每天营业 ¥ €€

当地锦囊 尤塔的咖啡店（Jutta's Cafe）

这家花园咖啡店建于1967年，为现居圣托里尼岛的柏林人尤塔女士所开。咖啡店有两大亮点：其一当属美味的手工蛋糕、土豆沙拉配油炸香肠或咖喱香肠、土豆汤以及优质过滤咖啡。更夺目的则是店外精心设计的花园阳台，轻柔的音乐在耳畔环绕，愉悦的氛围在室内流转，同时还提供希腊象棋和骰子等休闲桌游。在这一方绿洲中，你将忘记外界的纷扰，纵享悠闲时光。🏠 Odos Vasileos Thiras（在主干道外侧）🕒 每天营业 ¥ €

克拉里餐厅（Koralli）

餐厅的必点菜肴之一是烤芦笋，由新鲜的野生绿芦笋制成。这里的穆萨卡（希腊茄盒）也十分值得推荐。🏠 Odos Vas. Thira 🕒 每天营业 ¥ €

当地锦囊 王子餐厅（Prince）

扁豆酱配上香甜的焦糖杏仁；将希腊红甜椒（Florinis）去籽掏空，

盛满产于希腊中部的奶酪和鲜洋葱；在猪肉片中塞入塞浦路斯的海路米奶酪（Haloumicheese）和酸甜可口的李子，制成“王子猪肉片”。这些都是王子餐厅的招牌菜，受到当地人和游客的大力追捧。🏠 位于海滨长廊中部 🕒 每天营业 ¥ €€ @ www.prince-barrestaurant.com

当地锦囊 **萨利瓦罗斯餐厅（Saliveros）**

这是该地区最古老的餐厅之一，店内的蓝色木椅、手工编织的椅面和方格桌布无不体现出经典的希腊风格。女主人莫若莉亚（Maroulia）是3个孩子的妈妈，她的丈夫佩特罗斯（Petros）是一名刑警。繁忙的二人在儿女和侄子的协助下，全力向客人们提供精美可口的食物。许多菜肴的原材料来源于自家菜园，橄榄油则产于佩特罗斯在克里特岛上种植的橄榄树。🏠 靠近海滨长廊的南端 🕒 每天营业 ¥ €€

购物

熔岩蜡烛（Lava Candles）

克里·帕莱奥罗格（Keli Palaiologou）及其伴侣安托尼斯·泽克拉法斯（Antonis Zografos）利用岛上的火山灰及熔岩制作蜡烛。🏠 距海滨长廊约30米，位于支路Odos Vass. Filippou上，在潜水学校旁边

海滩

卡马利海滩（Kamari Beach）（折页H6）

这个由黑色熔岩沙和砾石组成的沙滩长达5千米。在北部，只有城镇或酒店所在的区域被作为景点开发。也就是说，当你往北边走，你甚至有机会独享一片海滩。在海滨长廊的北端有一个水上乐园。

莫诺里霍斯海滩（Monolithos Beach）（折页 G4）

这个约1400米长、30米宽的黑

井然有序——卡马利海滩上整齐地排布着躺椅

色沙滩布满了熔岩沙和鹅卵石，沙滩坡度平缓，适合孩子奔跑、玩耍。零星的红荆树为游人提供一方阴凉。部分区域还会提供躺椅和遮阳伞租赁服务。海滩中心设有沙滩排球场和一个童话般的大型儿童游乐园。

夜生活

卡马利露天影院（Cinema Kamari）★●

几十年来，露天影院在希腊各地大受欢迎，现今，这些影院都受国家补贴资助。卡马利的夏季影院尤其美丽，在这里，你可以体验到杜比立体声环绕等现代技术与传统花园景观的巧妙结合。与此同时，还有露天吧台提供饮品和小吃。影院支持网上和电话订票。🏠 位于卡马利主干道的入口处 🕒 5月底至10月初，每天放映两场电影，开始时间为21:00和23:15 ¥ 门票7欧元 📞 22 86 03 34 52 @ www.cinekamari.gr

维拉吉欧露天影院（Cinema Villaggio）

配备空调的现代化影院位于购物中心内，主要放映英语电影。🏠 Odós Vasileos Thira 🕒 每天放映数部电影 ¥ 门票7欧元，在特别的"电影折扣日（常为周三或周四）"可享受5欧元的优惠票价 📞 22 86 03 28 00 @ www.villaggiocinema.gr

信天翁酒吧（Club Albatross）

酒吧位于海滨长廊，是一个聚会的好去处。白天的时候，顾客可以坐在酒吧外的阳台上，头顶的棕榈树带来丝丝凉意，满目皆是亮丽的海景。当夜幕降临，故事将在酒吧内上演。有时，人们还会伴随希腊民谣希塔基欢快起舞。🏠 位于海滨长廊，介于Odos Zafiropoúlos和Odos Megas Alexandros之间

潮流酒吧（Groove Bar）

典型的英国式酒吧。店内配备超大屏幕为体育迷提供赛事转播，来自世界各地的60多种啤酒为啤酒爱好者提供饕餮盛宴。此外，酒吧也是音乐爱好者的天堂，你可以在这里享受到20世纪60—80年代的复古音乐、雷鬼和摇滚，偶尔还会有乐队现场演出。🏠 Odos Vass. Filippou 🕒 每天11:30后开始营业

钩子酒吧（Hook Bar）

酒吧颇受欢迎，适合年龄偏大的顾客。吧内鸡尾酒款式众多，口味绝佳。🏠 位于Odos Megas Alexandros南边的海滨长廊

住宿

卡马利位于岛上机场的进场航路上，距飞机着陆点仅1500米。但每天降落在岛上的飞机不过十余架，降落时间最晚不超过21:30，所以噪声还是在可以忍受的范围内。

海豚旅馆（Dolphins）

这家海滨家庭旅馆为旅客提供20间公寓，房型由2至6人间不等。旅馆带有典型的圣托里尼岛风格，所有的客房都设有阳台或宽敞的露台，性价比极高。🏠 位于海滨长廊的北部 ¥ € 📞 22 86 03 16 08 @ www.dolphins-santorini.gr

当地锦囊 **卡斯特里度假村（Kastelli Resort）**

作为全球小型豪华酒店联盟旗下的一员，卡斯特里度假村是卡马利地区最好的酒店之一。度假村距海边仅200米，共有59间客房和套间，分别分布在一个大平层和三个双层别墅内。酒店内还有淡水泳池、桑拿理疗馆和一个硬地网球场。🏠 位于海滨长廊的平行街道 ¥ €€€ 📞 22 86 03 15 30 @ www.kastelliresort.com

海湾酒店（Oceanis Bay）

酒店直接建于海滨长廊之上，这栋小房子蓝白相间，仅有6套公寓，颇有别墅的感觉。酒店不带泳池，毕竟“天然泳池”就在50米不到的地方。所有客房均有海景阳台和小型前花园。🏠 海滨长廊北端 ¥ € 📞 22 86 03 40 05 @ www.oceanisbay.com

当地锦囊 **塔马瑞克斯德尔麦套房酒店（Kamarix del Mar）**

套房面积35~80平方米不等，23个套房分布在7个带有浓厚岛屿风格的双层小独栋中。酒店围绕中庭式花园与泳池而建，客房内外都有旋涡式浴缸，室内还提供小型泳池、桑拿与健身房。每天8:00—24:00提供客房服务，提供婴幼儿看管服务。🏠 位于市中心，距海滩150米 ¥ €€€ 📞 22 86 03 18 09 @ www.santorini-luxuryhotels.com

泽菲罗斯酒店（Zephyros）

小酒店经营妥善，管理有方。你可以在花红柳绿的露台上享用早餐，也可以在小棕榈树环绕的泳池中戏水。酒店距海滩仅300米，距最近的公交车站也仅100米。酒店共有44间客房。🏠 位于市中心的主干道上 ¥ €€ 📞 22 86 03 11 08 @ www.santorinizephyros.com

周边景点

当地锦囊 **艺术空间（Art Space）**（折页G6）

这个最具艺术气息的欧洲美术馆的前身是伊索格尼亚村（Exo Gonia）郊外的一座老葡萄酒厂，由艺术家安东尼奥斯·阿吉罗斯（Antonios

岛上出游：乘船和客车

每天，岛上的旅行社都会组织出游行程。你可以订购岛上一日游的服务项目，如前往普诺菲提斯山丘、阿克罗蒂里遗址、阿克罗蒂里海角灯塔、佩里沃洛斯海滩以及酿酒工坊等等。除去门票，这样的旅游项目价格约为35欧元。你还可以享受一次从卡马利开往圣伊比斯科比（Panagia Episkopi）、皮尔戈斯或者是去伊亚观赏日落的观光巴士半天游（花费约为28欧元）。同时，前往卡尔德拉火山口的轮船之行也值得推荐，包含途中客车及船票等所有费用一共只需35欧元。从卡马利乘船到阿克罗蒂里的海滩，含海滩烧烤，一共需要45欧元。

两名背包客正登上一艘渡轮。每天都有数艘渡轮在阿希尼奥斯港口进出

Argyros）改建而成。每年的4月中旬到10月底，这个古老的圆顶地窖都会展出当代艺术家的作品。展品的价格一般约为200欧元，偶尔有作品会以5位数的价格售出。

操着一口流利英语的馆主喜欢亲自引领客人参观展览，但他不会过多解读艺术作品，更多地是为客人介绍馆内的空间设计和酒厂遗留下来的旧装置。馆内的房间一个是由大水池改建而来的，另一个的前身则是马厩。馆内展出的旧装置都在向宾客们诉说着前人是如何生产番茄酱、制作葡萄汁，以及从果渣中提取葡萄酒的。一气呵成的展览连贯且独特，绝不强买强卖，也无须门票。

此外，安东尼奥斯正尝试在地窖中用古法酿酒，并蒸馏出珍稀的果渣杜松子酒。走完一圈后，艺术馆还会举行品酒会，客人们可围圈品酒，当然也欢迎购买。尽管这里没有壮阔的火山口景观，但你会收获岛上最美好的品酒体验。需要注意的是，艺术馆不欢迎旅行社来这儿免费大吃大喝！往梅萨利亚—卡马利的主干道方向走，路标指示清晰；公交车站位于主路上（距艺术馆还需步行300米），距卡马利2千米 每天中午11:00到日落 22 86 03 27 74 www.artspace-santorini.com

阿希尼奥斯港（Athinios Port）（折页E6）

这个渡轮和商贸港口直接建在火山口悬崖下方。从港口出发，有一条宽阔的蛇形公路通往300米开外的火山口边缘以及费拉与岛屿南部之间的主干道。在这个150米长的码头上设有众多小餐馆、咖啡厅、旅行社和汽车租赁公司。每到仲夏，船只进出港就会发出一种难以形容的噪声，坐飞机前来圣托里尼岛的旅客在着陆时也能听到类似响声。小型汽车渡船每天至少会在港口停留两次，将乘客送往圣托里尼岛的姊妹岛——锡拉夏岛。在码头东北方向约300米处，有一圈橙色的浮标。这是2007年塞浦路斯游轮“海洋钻石”号沉没的地方。尽管面临着石油泄漏污染的威胁，但国家、航运公司和保险公司就打捞费用分配无法达成一致，以至于失事游轮至今都静静地躺在海底。🏠 距卡马利10千米

环游卡尔德拉火山口（Caldera Rundfahrten）

乘船来一次环火山口旅行是圣托里尼之旅最美好的体验之一。观光船通常从阿希尼奥斯港口出发，而其他游船会从费拉旧港或伊亚阿尔梅尼码头（Armeni Port）出发。

无论线路如何变化，下列三个景点都是必经之地。首先是尼亚卡梅尼（Nea Kameni）火山岛，岛屿由1707—1711年的火山爆发形成，岛上的火山至今仍处于活跃状态。1950年，火山最后一次喷发熔岩，但直到今天，白色的含硫蒸汽依然会汩汩地冒出，在空中形成粗细不一的烟柱。岛上弥漫着臭鸡蛋味，但空气完全无毒。游船会停靠在佩特里欧海湾（Petrouliou Bay），在接下来的25分钟徒步旅行中，你将经过岛上大大小小的陨石坑，大多都是1926—1941年火山小规模爆发形成的。最后，你将来到大火山口阿奇奥·乔治斯（Agios Georgios）前面，它有124米高，形成于1939—1941年。当身处广袤的熔岩沙滩上，你可以看到色彩缤纷的熔岩石。显黄色的是因含硫，显棕红色的是含铁，赤红色的则是因为含有锰元素。放眼望去，火山口边缘焕发着白色光芒的房屋与黑色的熔岩沙相映成趣，形成一幅如幻似梦的图景。熔岩沙滩绝非寸草不生之地，至今已发现如薄荷、鼠尾草、岩蔷薇及胭脂树等150多种植物的生命迹象。

帕利亚卡梅尼火山岛（Palia Kameni）是火山口之旅的第二站。公元前197年的一次火山喷发使岛屿浮出水面，其后的数次喷发塑造了火山岛的大小及形状，逐渐形成今天我们看到的样子。在船舶停靠的海湾，岩浆源源不断地释放热能，这一片的海水温度可达30~40℃。含大量硫和铁元素的海水呈棕色，你可以在这儿享受一次纯正的火山口温泉。下水之前，切记取下手表和珠宝首饰，含大量矿物质的温泉水会迅速与金属发生化学反应！🕒 火山口观光旅行一天数次开团，一次时长为4小时，同时提供巴士接送服务。任何一家旅行社都能提供相关信息，你也可以在港口直接询问

伊索格尼亚村（Exo Gonia）（折页F–G 5–6）

在卡马利往梅萨利亚方向的街道西侧，庞大的村落在斜坡上伸展开来。村庄上沿，即通往皮尔戈斯的道路上，矗立着阿奇奥哈拉兰博斯教堂（Kirche Agios Charalambos，很少对外开放）。教堂风格独特，不采用圣托里尼岛经典的蓝色圆顶，而是改为红色的瓦顶，加之教堂的规模巨大，远远看来颇为显眼。教堂前院铺满了马赛克图样的石块，由五彩的熔岩石制成。🏠 距卡马利3千米

当地锦囊 梅加罗切利（Megalochori）（折页 E–F6）

梅加罗切利意为“大村庄”，这个名字对于人口仅为460人的村落并不恰当——它是圣托里尼岛最小的

村落之一。在早晨或傍晚，梅加罗切利狭窄的胡同、传统的房屋和众多教堂（不对外开放）都焕发出绝美的光彩，值得一游。在南部，从村庄两个停车场附近的公交车站开始，一条约150米长的柏油马路直通村落。村落入口实际上是圣伊索迪亚蒂斯教堂（Isodia tis Panagias）钟楼的地下通道。这座专门献礼圣母的教堂常年关闭，如果你有幸得以入内，一定不要错过拜占庭风格的精美壁画。

教堂前是村庄广场，从村落的主要小道拾级而上，步行约290步，你将来到一个3层楼高、横跨街道的钟楼之前。走过钟楼，有台阶直接与艾吉阿纳格里教堂（Kirche Agii Anargiri）的前院相连。该教堂的名字意为“没有银子的圣人”，指的是两名提供免费治疗的“赤脚医生”，他们的名字——克斯马斯（Kosmas）和达米亚诺斯（Damianos）被分别刻在教堂的两座钟楼上。

值得一去的还有●加瓦拉斯酒坊（Weinkellerei Gavalas），距广场仅150米，一路上都有路牌指示。酒坊免费向游客敞开大门，你甚至还能在僻静的庭院中免费品尝自酿红酒。🕒 夏季每天上午10:00—20:00，其他季节开放到17:30 📞 22 86 08 25 52 @ www.gavalaswines.gr

在村庄边缘靠近帕拉提亚的地方，有一家名为●费罗切里亚（Art Centre Philochoria）的小型艺术中心，每天10:30—14:00开门，有时营业至19:00。艺术馆还曾经邀请女画家、雕塑家罗安娜·巴贝里（Ioanna Babari）前来做客。同时，这里还有带漂亮天台的艺术咖啡馆和香槟酒吧。欧·格罗斯·马诺里斯餐厅（O Geros Manolis）位于帕拉提亚和南部停车场

教堂、钟楼、一栏之隔的庭院——在梅加罗切利来一场乡村漫步

之间，因其美味的本土菜肴而享有盛名。🕒 每天营业 ¥ €

对于购物狂而言，在梅加罗切利也可以大干一场。在通往佩里萨和阿克罗蒂里方向的环路上，7家● 绘画和陶艺工坊紧密地依偎在一起，吸引众多游人前往。阿克隆艺术中心（Art Centre Akron @ www.akronart.gr）由迪米特里斯·贝洛斯和阿斯帕西娅·威沃拉共同经营，主营古典艺术品的仿品，品质极高。店内还有以1：1比例重现的阿克罗蒂里壁画，有时也会制成1.2米长、1.8米宽的壁画。除此之外，两位店主还会绘制带有米诺斯时期、几何风格时期和希腊古典主义时期风格的陶器，并在表面铺满马赛克花纹。继续往阿克罗蒂里方向前进，你将看到画家米夏里斯·卡拉莫勒格斯（Michalis Karamolegos）的米夏里斯克画廊（Michalisk），圣托里尼岛风光是他最爱的主题。旁边就是当地锦囊 加勒提亚陶器坊，这里既有现代陶艺作品，也有以阿克罗蒂里史前风格为灵感的古典作品。🏠 距卡马利9千米。@ www.galateaspottery.wordpress.com

梅萨利亚（Messaria）（折页 F5）

梅萨利亚（人口约1000人）位于岛屿的重要岔路口，在岛上出行几乎都会多次穿过梅萨利亚。从皮尔戈斯到阿克罗蒂里的主干道在这里分叉，一条通往机场方向，另一条则通向卡马利。这一交通枢纽已经变成了村庄广场，遍布餐厅、咖啡馆和商店，路人熙熙攘攘，自然毫无美感。当你继续走两百米，经过游乐场、体育场和一个大水池，随着逐渐深入村落，古老的梅萨利亚将毫无保留地展现它的美丽。可以到圣季米特里奥斯村庄教堂（Dorfkirche Agios Dimitrios）看看未经粉刷的墙面，由红、黑、灰三色熔岩拼接而成，之后还有两座番茄酱工厂遗址。同时，你还能见识到100年

出海前，渔民在莫诺里霍斯海滩整理渔具

前圣托里尼岛酿酒师、葡萄酒商乔治斯·伊·阿吉罗斯一家的奢华生活。阿吉罗斯府邸（Archontiko Argyrou）建于1888年，是一幢古典主义风格的两层别墅。🏠主广场，村落学校斜对面，距卡马利4千米 🕒5—10月，周三至周日11:00—19:00开放 ¥门票5欧元 @www.argyrosmansion.com

莫诺里霍斯（Monolithos）（折页G-H4）

这个小型海滨聚落得名于一块巨石，它从机场平面惊人地耸起，有33米高。巨石已拥有2亿年的历史，与普诺菲提斯和梅萨沃诺山脉同属于圣托里尼岛前火山时期。常年关闭的圣爱奥尼斯米科教堂（Kapelle Agios Ioannis）矗立在巨石南侧，这座白色小教堂居高临下，机场跑道一览无余。村落中的民居分布松散，旧番茄酱场的烟囱仍然挺立在沿海街道上——其中有一个甚至还会在夏季投入使用。坐落在工厂之间的发电站为全岛提供电力，甚至还有一家小酒店被硬生生地塞进了这片烟囱林立的地方。

斯加拉曼戈斯餐馆（Taverne Skaramangas，🕒每天营业 ¥€€ 📞22 86 03 17 50）位于一家番茄酱工厂的停车场旁边，十分受当地人青睐。餐厅的特色希腊式鱼汤（kakavia）极其鲜甜可口，你可以提前联系店家预留，一品这绝顶美味。往南不远处是罗泽斯上尉餐厅（Taverne Kapetan Loizos 🕒每天营业 ¥€€），价格实惠，菜品优良。店内宽敞，通风良好，在大风天可有效防止沙尘的侵扰。附近还有一个废弃码头，曾用来运输番茄制品。继续往南，你将看到一个小渔港，但毫无美感可言。

从莫诺里霍斯出发，沿滨海公路一路向北，你将收获最奇特的景观。你可以看到一系列废弃的古代窑洞，浮石内壁已经被海水和海风严重侵蚀，形成十分独特的图样。仔细观察，有的花纹甚至与汉字十分相像。🏠距卡马利5千米

圣伊比斯科比教堂（Panagia Episkopi）★（折页G6）

这个主教教堂是岛上最为古老、有趣的教堂。教堂又名为圣格尼亚斯教堂（Panagia Gonias），由拜占庭帝国君主于1115年建立，1207年成为岛屿的主教教堂，自1962年起被列为保护文物。教堂四周景色自由开阔，前院栽满花卉，还有茁壮生长的柏树和角豆树，到处都生机勃勃。教堂的建筑保留了其前身，即古希腊、古罗马宗教神庙的诸多元素，例如内殿的高大廊柱就取用于古时建筑，柱顶雕饰着不同的精美花纹。同时，将教堂

省钱有道

每年11月至次年3月，锡拉古城会在每月第一个周日免费对外开放。在卡马利，如果你想饱餐一顿，但又不愿花费太多，希腊烤肉沙威玛（gyros）和索瓦兰齐烤串（souvlaki）将是你最佳的选择。游客大多偏爱海滨长廊南侧的烤肉小摊，但小镇中心的康蒂那·米纳斯烤肉亭事实上更加方便快捷，价格也更加实惠，深受当地人喜爱。需要注意的是，烤肉摊只在晚上营业，且只提供猪肉和鸡肉。

当乌云密布的天空遇上日落，皮尔戈斯沐浴在一片梦幻般的色彩之中

前后殿分割开来的细小的廊柱也来源于近古时期。🏠位于主广场，村落学校斜对面 🕒5—10月，周三至周日11:00—19:00开放 ¥门票5欧元

普诺菲提斯山丘（Profitis ilias）（折页 G6–7）

山丘海拔567米，是全岛的最高峰。从皮尔戈斯出发，一条狭窄蜿蜒的柏油马路直达山丘，路面上多是来去匆忙的观光巴士。从山顶俯瞰，圣托里尼岛和爱琴海壮美的景观尽收眼底。但山顶自身却略显苍凉阴森——山顶的修道院十分破败，周围有十余个电线杆歪歪扭扭地立着，毫无生气。紧靠山顶的地方有一座修道院，始建于18世纪初，于1852—1857年修缮，最终成型。如同山上其他修道院和教堂一样，这座修道院供奉的是先知以利亚。据《圣经》记载，以利亚最终在一座山上，乘坐“火车火马”升入天堂。修道院谢绝游客参观，仅在献礼以利亚时开放。🏠距卡马利11.5千米。🕒每周三、周五及周六的16:00—17:30，周六早6:00—8:30也会额外开放，周日只于早上4:30—8:30开放。在修道院入口下方有一座新式教堂——圣尼克塔里奥斯（Agios Nektarios）常对游客免费开放。教堂漂亮的圆顶运用了传统的木瓦结构。

皮尔戈斯村（Pyrgos）★（折页 F6）

皮尔戈斯的中心村落端坐于海拔350米处，是岛上海拔最高的村落。这个建于威尼斯时期的村落曾是一个戒备森严的设防围村，保卫着最高点的一座小城堡。在圣托里尼岛被土耳其统治时，皮尔戈斯还一度因其防卫职能成为圣托里尼岛的首府。村落景色秀丽，任何时候都是拜访村庄的良机，但当地锦囊 日落时分的皮尔戈斯尤其值得一游。伊亚的日落景观已久负盛名，皮尔戈斯也毫不逊色，同时还能帮你避免人群的烦扰。当天色逐渐转暗，塞勒涅餐厅（Selene）及酒吧随即开门营业。这是岛上最昂贵的顶级餐厅之一。你可以在餐厅里品尝到希腊及地中海的创意美食，在酒吧里纵享佳酿，同时还有自制甜品和一盘盛有9种不同口味的希腊特色奶酪。 在通往普诺菲提斯修道院的道路左上方有一条小路，从小路步行约1分钟即可到达 餐厅每天12:00—16:00提供午餐，19:00后提供晚餐；酒吧每天17:00—24:00营业 ¥ €€€ 22 86 02 22 49 @ www.selene.gr

在数个小镇中来回的班车停靠在乡村广场上，众多商店、售货亭和餐馆使广场成为皮尔戈斯的真正中心。从广场出发，有两条小路通往卡斯特罗教区（Kastro Viertel）。沿着那条穿房而过的小路走，你会先经过一座封闭的基督教堂，然后来到带有希腊式风情的当地锦囊佩内洛普小酒馆（Weinstube Penelope 每天营业 ¥ €），酒馆得名于女主人的名字，男主人马诺斯（Manos）看起来和《希腊人佐巴》（译者注：迈克尔·柯杨尼斯导演的经典电影作品，以希腊的克里特岛的偏僻乡野作为故事背景，电影还被改编为百老汇歌舞剧）的男主角非常相像。酒馆向客人提供口味极佳的炸番茄球，自酿的葡萄酒香气醇厚，还有可口的糖渍无花果和葡萄作为甜品。前方的赫里斯托斯教堂（Christos-Kirche）距社区最高点仅有200米，教堂不对外开放，只能在外面观赏。继续往前走，你会看到一个堡垒，从这儿你可以俯瞰岛屿全景，还可以看到圣托里尼岛机场以及卡斯特罗教区4个教堂的圆顶、2个教堂钟楼和6个十字架，景色十分迷人，宗教气息浓厚。在每年6—9月，你还有机会在教区参观一场小型的圣像展览（ 常在周二至周日，10:30—15:00展出 ¥ 免门票），展品多为16和17世纪的作品，都是从各个教堂收集而来的。

当地锦囊沃托纳斯村（Vothonas）（折页 F5）

喧闹的旅游团放过了这个小村，使它至今依然保留着原始风貌，没有开设任何咖啡馆和餐馆等，远离尘嚣，宁静宜人。沃托纳斯村深埋于一个狭窄幽深的侵蚀谷中，当你从卡马利驾车前往梅萨利亚，一路上几乎窥视不到这个小村的身影，直到继续往皮尔戈斯方向行驶，小村才愿意微微掀开它的面纱。先民大多入穴而居，或者集中住在山谷陡峭的斜坡上。村落现在已无人居住，大多数崖洞被作为马厩和仓库使用。从卡马利通往梅萨利亚的主干道上有一条狭窄的水泥路，根据标识即可来到沃托纳斯村。路上人烟稀少，对面坐落着当地锦囊科里蒂克斯餐厅（Taverne Kritikos 村落中心，距卡马利约6.5千米 每天中午12:00后营业 ¥ €），主营烤肉，十分鲜嫩可口。

安东尼奥酒坊（Weinkellerei Antoniou）（折页 F6）

安东尼奥酒坊直接建在火山壁边缘，可以说是全岛地势最险的酒坊了。你可以选择在停车场旁边的露台上品酒，也可以亲自沿陡峭危险的石阶拾级而上，攀入深藏山中的巨大拱顶酒窖。 从费拉—梅加罗切利主干道西行30米，往阿希尼奥斯港口方向行驶150米后即可到达；距卡马利8千米 🕒 每天9:00—21:00营业，节假日休息 ¥ 品酒（限3小杯）5欧元

Venetsanos酒庄

酒庄坐落于阿希尼奥斯港正上方，俯瞰圣托里尼的火山口，景观令人叹为观止。此家族酒庄建于1947年是岛上第一家专业生产葡萄酒的酒厂。可以来酒庄悬崖边吃一顿夕阳晚餐，感受这一份无比的壮阔和唯美。🏠 Eparchiaki Odos Firon-Ormou Perissis，阿克罗蒂里 🕒 周日一周六10:00—20:00 ¥ 3欧元~38欧元 @ venetsanoswinery.com

加瓦那卢索斯酒坊博物馆（Weinkellerei Canava Roússos）（折页 G6）

酒坊建于1836年，是全岛历史最悠久的酿酒工坊。如今被改建成博物馆，同时也是品酒的浪漫好去处。虽然馆内供应的葡萄酒并不是工坊自酿，而是产于其他地方的现代化酿酒厂，但这丝毫不影响酒坊的情调。酒客们身处茂密的葡萄藤下，伴着传统圣托里尼岛小吃（paradosiako santorinio piato），任醇香的酒液在唇齿间流淌。🏠 位于卡马利—梅萨利亚主路西南侧，紧靠梅萨格尼亚郊区，往圣伊比斯科比方向行驶；距卡马利4千米 🕒 每天11:00—19:00 ¥ 品酒（限5小杯）需5欧元 @ www.canavaroussos.gr

书籍和电影

《上帝发怒了——圣托里尼岛的末日》（*Wenn Gotter grollen–die letzten Tage von Santorin*）：维伦娜·阿彭泽勒（Verena Appenzeller）的小说，描述了公元前16世纪左右，古阿克罗蒂里居民不幸的命运。（2004年出版）

《海中火焰》（*Feuer im Meer*）：德国地质学家华特·L.弗里德里希（Walter L. Friedrich）的经典之作，你将伴随他的脚步，一同了解小岛的自然历史与地质学知识，探索神秘的花草世界，揭开亚特兰蒂斯这一传奇国度的面纱。（2004年出版）

《酒神节狂欢·圣托里尼岛图斯奈尔节》（*Panigyria. Die santoriner Feste des Thusneldos*）：海迪·鲍尔勒（Heidi Bauerle）运用丰富的插图，为读者讲述岛上牧师奔波于各大宗教祭礼的故事。（2010年出版）

《圣托里尼岛》（*Santorin*）：一本圣托里尼岛食谱，配有大量精美的钢笔素描和水彩画，是一件不错的礼物。（2003年出版）

《轻微犯罪》（*kleine Verbrechen*）：由塞浦路斯导演克里斯托·乔治奥拍摄的喜剧电影，2008年在锡拉夏岛上映，影片中有大量圣托里尼岛绝美风光的镜头。

《古墓丽影：源起之战》（*lara Croft：tomb raider*）：电影改编自同名电脑游戏，是该系列电影的续集，由安吉丽娜·朱莉主演，于2003年在圣托里尼岛拍摄。

希腊葡萄酒博物馆内精心打造的木制葡萄榨汁机

希腊葡萄酒博物馆●（Weinkellerei Lava-Koutsoyianopoulos und Wein-museum/Wein Museum）（折页G5）

博物馆前身是岛上规模最大的私人酒庄，始建于1880年。庄主乔治奥·康索亚诺普洛斯（Georgios Koutsoyianopoulos）在历史悠久的酒窖上方新建了一个小型葡萄酒博物馆。在这里，你可以看到一个早期用来盛葡萄酒、以便运输的特制容器，容量高达3000升的巨型葡萄酒桶，大量葡萄榨汁机及其他葡萄酒酿造设备，还有果渣白兰地的蒸馏设备。馆内的历史照片和立体模型生动地展示了过去80年来岛上的葡萄种植和加工过程。🏠 从卡马利—梅萨利亚主路沿路标指示方向向东行驶30米，距卡马利5千米 🕒 6—10月每天10:00—19:00开放，4、5、11月每天10:00—17:00开放，12月至次年3月，周一至周六9:30—14:00开放 ¥ 参观博物馆加品酒（限6小杯）共需6欧元 @ www.volcanwines.gr

圣托里尼岛酿酒厂（Weinkellerei Santos）（折页F6）

圣托里尼岛葡萄酒合作社下属的酿酒厂，雇员超800人。酒厂风格清新，地处火山口边缘，风景美不胜收。酒厂的品酒室还有希腊特色小吃出售，常有旅行团光临。熙熙攘攘的房间与其说是一个舒适的酒吧，倒更像是一个超市。🏠 从费拉—阿克罗蒂里主路向东行驶50米，位于皮尔戈斯岔路口；距卡马利7.5千米 🕒 开放时间为每天早上10:00至日落 ¥ 品酒每杯1欧元（75毫升），20分钟引导参观2欧元，12分钟音视频介绍2欧元 @ www.santowines.gr

佩里萨及南部

岛屿南部地区、阿克罗蒂里海角及佩里萨附近地区人口较为稀疏，农业是该区域经济的重要支柱。在面积广阔的内陆村落安坡里奥附近矗立着众多风车，数量达全岛之最。

村落与阿克罗蒂里海角之间地势较为平坦，给葡萄和豌豆种植带来便利，从而给岛民带来了较大收益。这一区域仍保持原生态，没有被开发和破坏。同时，这里还坐拥本地面积最大的历史名胜——来自青铜器时代的阿克罗蒂里古村遗址。此外，该区域的维查德港口（Vlichada）是岛上渔船、游艇停泊的最佳地点。规模较大的酒店多集中于佩里萨，其他南部地区则很难发现它们的身影。阿克罗蒂里古村附近的酒店可以让游客在纯粹的乡野环境中起居，同时还能观赏到壮丽的火山口景色。

阿克罗蒂里

（Akrotiri）（折页 D7）**1967年，阿克罗蒂里古城遗址的挖掘工作正式开始，这座保存完好的古城是欧洲史前时期最富饶美丽的城市之一。从此，这个位于岛屿南端的内陆村落在全世界享有盛名。**

有3600年历史的古城傍海而建，今天的阿克罗蒂里西至卡尔德拉火山口，东达葡萄园，数座房屋和窑洞在

上图：格雷梅附近的凝灰岩景观

在古代与现代间穿越——岛屿南部既有年轻人热爱的海浪与沙滩，又有历史悠久的史前文明古城遗址。

山丘和悬崖上绵延开来。历史悠久的村落中心未被现代社会染指，主干道两侧只有两家餐厅、一家酒店、一个汽车租赁处、一家小吃铺、一家糕点铺和两家超市。其余餐厅和旅店位于村外火山口边。如果你喜爱静谧安逸的村庄生活，阿克罗蒂里是你不容错过的度假胜地。阿克罗蒂里离火山口边缘相当近，而前往海滩度假区则需步行15分钟。

景点

阿克罗蒂里古城遗址（Ancient Akrotiri）★（折页 D7）

就算是对考古学毫无兴趣的人，阿克罗蒂里都会令他们发出不枉此行的感叹。这座古老的城市保存较为完好，你不仅可以看到与膝盖齐高的地基和地面的城垣痕迹，甚至还能看到一面完整的房屋外墙和一个小广场。

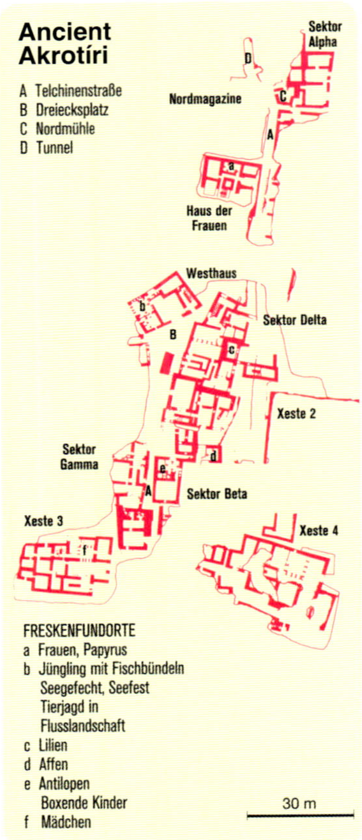

广场的完整程度极高，甚至于当人们在上面放上几把桌椅，看起来就和今天的普通乡村广场并无二致。

1974年，考古学家斯匹里登·马里纳多斯（Spyridon Marinatos）开始挖掘阿克罗蒂里遗址。在此之前，克里特岛一直被认为是公元前2世纪爱琴海岛屿的权力和商业中心。克诺索斯（Knossos）、菲斯托斯（Festos）、马里亚（Malia）及卡特扎克罗斯（Kato Zakros）等一系列的米诺斯文明遗迹都出土于克里特岛，同时，古代农舍遍布岛屿，二者无不说明克里特岛早期文名繁复的社会结构和高度的等级性。然而，考古学家只在克里特岛上的格尼亚（Gournia）和帕勒卡斯特罗（Palekastro）这两处地方发现了小型米诺斯城市的蛛丝马迹。相比之下，距离克里特岛110千米的阿克罗蒂里遗址在当时的确是个当之无愧的大都市。

阿克罗蒂里古城的出土并非偶然，有三个原因促使马里纳多斯教授当初选择在这里搜寻古城的踪迹：其一，早在19世纪，已有外国考古学家在这里发现了陶器，可惜的是，不及时的分类使他们与古城失之交臂。其二，如果非要说圣托里尼岛与克里特岛上的米诺斯文明有所关联，那最大的可能就是在距克里特岛最近的阿克罗蒂里海角。其三，阿克罗蒂里的浮石层比岛上绝大多数地方都薄，这给挖掘带来了极大的便利。马里纳多斯的第一次挖掘工作大获成功，不幸的是，在挖掘过程中，他被一面倒塌的墙压倒，当场身亡。2005年，古城遗址又发生了另一起严重事故：新搭建的防护栏坍塌，造成一名英国游客死亡。此后，古城进行了漫长的检修整改，搭建了新的防护栏，景点安全性得到很大加强，直到2012年才重新对游客开放。

当你步入古城，路牌会清晰地指示你走完全程。首先，你将穿过两条古街，街边房屋多为2~4层高，外墙保存完好。房屋的木制门窗以及镶嵌在墙中的木梁都已风化，被考古学家用漆上木头纹理的石砖所替代，借以增强墙壁的抗震性。

阿克罗蒂里——防护栏可有效防止恶劣天气和游客对遗址造成破坏

部分房间里的陶罐仍保持在出土时所在的位置，高度还原数千年前的居民生活。当你步入古代房屋，甚至可以看到通往二层的石级和遍地的石制栏杆。房内的陶管还原了当时发达的排水系统，每栋建筑都与公共下水道相连。仔细观察房屋外墙，你会发现较低矮的房间窗户也较小，这是因为这类房间并不住人，而是用来存储物品。一些窗户相对较大的房间可能是工坊或铺面。相比之下，二层及以上的房间窗户就大得多，与现代住宅

必游景点

★ **阿克罗蒂里古城遗址**
欧洲古老文明的载体，让你领略三千多年前的圣托里尼岛民是如何生活的。→P.71

★ **海豚餐厅**
如此肥美的虾蟹，离开这儿可就再也吃不到了。→P.74

★ **雷米佐餐厅**
主营海鱼，菜肴美味，同时带有视野开阔的露台，举目可见火山口的无限风光。→P.76

★ **红海滩**
阿克罗蒂里的这一海滩得名于一座通体赤红的悬崖，海滩仅可步行或乘船前往。→P.76

★ **法罗斯灯塔**
位于岛屿的最西侧，风景独特，吸引众多游人前往。→P.77

★ **维吉拉酒店**
酒店位于佩里萨海滩，建筑风格古典，食宿条件优良，价格更是十分实惠。→P.80

非常相似。每栋房屋都至少有一个房间墙壁绘有图画，至于壁画到底是用于某种宗教仪式，还是单纯的装饰，学界看法不一，我们自然也不得而知。阿克罗蒂里壁画的复刻品被存放在费拉的圣托博物馆。🏠 位于阿克罗蒂里村南部1.5千米处 🕒 4—10月，每天8:00—20:00；11月至次年3月，于周二至周日9:00—15:00开放 ¥ 门票12欧元

阿克罗蒂里村（Dorf Akrotiri）

古村中心位于主路旁的斜坡上，小山丘紧挨现代村落中心的西侧。这里还有一个公交车站。从古村中心出发，你将首先经过赭色与白色相间的阿克罗蒂里官方机构办公场所，继续步行5分钟，就能来到山丘的城堡面前。曾有威尼斯望族居住于此，1617年后迁离。自2013年起，城堡摇身一变成为收藏传统希腊乐器的博物馆，展品有名为“赞布纳”（tsambouna）的希腊式风笛。除了作为展品，这一希腊传统乐器依然被生产和使用，甚至每周都能在●音乐会上至少演奏一次。🕒 博物馆每天10:00—14:00，17:00—20:00 ¥ 参观免费，音乐会门票7~12欧元 📞 22 86 08 53 74 @ www.laponta.gr

美食

海豚餐厅（The Dolphins）★

海豚餐厅位于阿克罗蒂里沙滩，是附近6家海鲜餐厅中最现代和最受欢迎的一家。你可以选择在码头用餐（只有3张桌子），也可以坐到大露台上品尝美食。刚捉到的龙虾并不急着打捞上来，而是连笼子一齐浸泡在海水中，等待客人下单再烹煮。🏠 距离阿克罗蒂里海滩边的班车终点站约200米 🕒 每天营业 ¥ €€€

阿克罗蒂里海滩的海豚餐厅

玛丽亚餐馆（Maria）

餐馆简朴，风格陈旧，并无意与本土餐馆一决高下，而是带来其他岛屿的家常菜。女主人玛丽亚的一个儿子从事农业，店内的羊肉、猪肉、兔肉和奶酪都是自家生产的。位于通往村庄的主干道上 每天早上10:00后营业 €

购物

当地锦囊 伊·卡利亚·卡地亚（I Kalia Kardia）

在圣托里尼岛，鲜有像米夏里斯·贝拉斯（Michalis Belas）这样一个纯粹以农业为生的家庭。安娜（Anna）和她的5个孩子在路边摆摊，只卖亲自种植或采摘的农产品：特级圣女果、酿酒用的葡萄、香豌豆、刺山柑、野生番红花、橄榄、鼠尾草和月桂皮。他们摊位的名字意为“好良心”，还有一个手工做的心形图案作为小摊的标志。沿阿克罗蒂里和灯塔之间的主干道行驶，位于前往肯比亚和梅萨皮加迪亚的分岔路口之间

海滩

阿克罗蒂里海滩（Akrotiri Beach）（折页 D7）

这个位于阿克罗蒂里古城遗址附近的海滩布满了大大小小的石头，与游泳相比，丰盛的海鲜大餐才是这里的重头戏。6家海鲜餐厅沿着约350米长的海滩依次排开。有几家餐厅风格简朴而别致，建在熔岩洞中，清一色聘请老年人做服务员，其余几家则更现代化——漂亮的阳台悬在海面上，厨具高度先进。● 梅里亚餐厅（Taverne Meliha's）位于岩洞中，同时也是一个小型艺廊，用来展示店主的雕塑作品。斯图里达斯餐厅（Taverne Stolidas）紧挨着一个小型码头，在旅游旺季（6—9月）每天都有数艘游船穿梭于红白两个沙滩之间。距阿克罗蒂里村1千米 每天营业 €

奥尔迈拉海滩（Almyra Beach）（折页 E7–8）

长达150米的沙滩沙质粗糙，布满浮石和熔岩，完全未被开发。靠近海滩西侧有一个水泥平台，曾经是一个小码头，现在作为游客下海的便捷通道。码头后方的窑洞曾经是一家无执照的“黑”餐馆，但却深受当地的青睐。原餐厅主人马科斯（Markos）在梅加罗切利前往阿克罗蒂里方向的主干道上方还开了一家餐厅，这家名为“马科斯船长”的餐馆（Taverne Captain Markos）身处田野，属于岛上最早开张的一批餐馆。餐厅地理位置和店内环境都很独特。可惜的是，常有客人抱怨餐厅定价过高。你可以先点一杯冷饮，了解价格之后再做决定。驶入梅加罗切利—阿克罗蒂里主路，在阿克罗蒂里以西1.5千米，位于阿克罗蒂里村以南3.7千米 每天营业 €€

卡尔德拉-阿波希克斯海滩（Caldera Apothikes Beach）（折页 D7）

这个紧挨火山口，直接位于悬崖下方的小海滩名字意为“储藏室”。一直到20世纪中期，阿克罗蒂里的村民们都在岩洞中存放捕鱼工具和需要运输的货物。今天，一条蜿蜒的小

路从主干道向下延伸，直达★雷米佐餐厅（Remezzo）。餐厅为客人提供精心烹饪的各式海鱼。在露台上，你还可以看到形态怪异、扭曲的干葡萄藤。地面上水平生长的鲜葡萄藤则十分茂密，相互交缠，枯萎的部分看起来宛若一个篮子。毗邻露台的是一个约100米长的石质海滩，是火山口边缘唯一一个岛屿海滩。整个海湾也被称为潟湖（Balos Bay）。🏠 位于梅加罗切利—阿克罗蒂里主干道，在法罗斯灯塔方向岔路前方约200米处，距阿克罗蒂里村约500米 🕒 每天营业 ¥ €

肯比亚海滩（Kambia Beach）（折页D7-8）

海滩遍布石块，游客稀少，即使在8月份这样的旅游旺季，40个躺椅、20把遮阳伞即可满足所有游客的需求。海滩设有扶梯，协助游客进入大海。肯比亚小吃店（Snackbar Kambia）是一家西班牙风味小餐馆，最多可容纳25名客人。餐厅内提供特色烤串、煎蛋卷和沙拉等简单食品。🏠 从阿克罗蒂里—法罗斯灯塔方向主路向南行驶2.4千米，依照路牌，沿一条土路行驶即可到达；距阿克罗蒂里村4.3千米 🕒 每天营业 ¥ €

当地锦囊 梅萨皮加迪亚（Mesa Pigadia）（折页C7）

梅萨皮加迪亚是通往灯塔的公路和南沿海街道线之间区域的统称，这里就是岛上著名的葡萄园。转走岔路，沿路标行驶1.1千米后，你将到达沿海街道。在那里，约500米长的海滩一直延伸到白色的熔岩悬崖前。

位于岔路尽头的梅萨皮加迪亚餐厅（Taverne Mesa Pigadia）就地取材，向客人们提供新鲜的海产品，价格实惠。餐厅女主人瓦伦蒂娜（Valentina）厨艺高超，烹饪的木莎卡是为一绝。🏠 距阿克罗蒂里村4.1千米 🕒 每天营业 ¥ €

红海滩（Red Beach/Kokkini）（折页D7-8）★

红海滩或许是岛上最为著名的沙滩，夏季往往人满为患。红色的悬崖在阳光下熠熠生辉，200米长的深色海滩上遍布躺椅和遮阳伞。在海滩上行走的时候需要稍微注意脚下，冰凉酷爽的海水就在前方恭候你的到来。海滩上的小餐厅可满足游客们的基本需求。你可以从阿克罗蒂里海滩乘船前往，也可以选择自驾。在阿克罗蒂里遗址方向支路末端有一个停车场，驾车的旅客需要先停放车辆，然后步行15分钟才可到达海滩。🏠 距阿克罗蒂里村2.2千米，然后步行15分钟

白海滩（White Beach/Aspri）（折页D7）●

这个100米长的海滩只能乘船到达，船只无法完全靠岸，乘客必须蹚水上岸。海滩后方的浮石峭壁在雨天中会焕发光彩，显得格外明亮，因而得名“白海滩”。海滩上提供遮阳伞租赁服务。

住宿

阿克罗蒂里酒店（Akrotiri）

这个坐落在海滩上的小酒店由数栋简易别墅和主楼组成，仅有20间客房和公寓。酒店的地理位置极佳，距古城遗址仅100米，距码头仅200

米，你可以选择在码头乘船前往红、白沙滩，步行前往需20分钟。🏠 位于公交汽车站旁 ¥ € ☎ 22 86 08 13 75 @ www.hotelakrotiri.gr

西部天堂（Best Western Paradise）

位于中心地区的小酒店，四周是一片红色天竺葵的海洋。酒店的客房风格现代，空间宽敞，但需要注意的是，房间都没有街景。酒店共有20间客房。🏠 位于主干道 ¥ €€ ☎ 22 86 08 13 52 @ www.hotelparadise.gr

当地锦囊 马蒂奥斯村庄酒店（Village Mathios）

这个家庭自营酒店拥有两个淡水游泳池、涡旋浴池和一个小型健身房。四周名胜环绕，距村落中心约200米，距卡尔德拉沙滩约400米。酒店餐厅选材新鲜，由女主人亲自掌勺，提供特色套餐，同时还有为爱侣们精心准备的蜜月大餐。酒店提供Wi-Fi，共有52间客房。🏠 位于费拉—阿克罗蒂里的主路上，靠近往灯塔方向的岔路 ¥ €€ ☎ 22 86 08 11 52 @ www.vmathios.gr

周边景点

法罗斯灯塔（Faros）★● （折页C7）

高达110米的灯塔位于圣托里尼岛屿的西南端，为船只指明前往火山口的方向。一条宽敞的柏油马路直通塔底。灯塔内部谢绝参观，一条小道绕过灯塔，引领游客前往阿克罗蒂里海角。在这里，你可以看到火山口全景，欣赏到费拉、伊亚和锡拉夏岛的别致风景。靠灯塔最近的餐厅当属当地锦囊 吉奥加洛斯（Giorgaros），它同时也是位于基克拉泽斯群岛最南端的餐厅。店主拥有3艘渔船，为客人提供新鲜打捞的海味。岩鱼（rock fish）是这家餐厅的一大特色菜肴，这些生活在礁石中的五彩小鱼十分美味。相比圣托里尼岛的其他餐厅，吉奥加洛

对船只而言，岛屿西南的灯塔是重要的方向标，而对游客来说，更是一道风景

离天空更近的地方——圣蒂斯喀特菲安尼斯教堂

斯餐厅的性价比极高。🏠 位于火山口边缘街道，往灯塔方向行驶，地处阿克罗蒂里往西5千米处 🕒 每天12:00后营业 ¥ €

佩里萨

（Perissa）（折页 G7）**小镇有500人口，是除卡马利外，圣托里尼岛的另一海滨度假胜地。佩里萨海滩的汹涌人潮多半是拜旅游团所赐，除此之外，海滩也颇受希腊潮流人士和背包客的青睐。**

小镇较为现代，新式建筑从梅萨沃诺悬崖边一路往南延伸4千米长，前往安坡里奥的主干道两旁也楼房林立。

景点

艾吉宜日尼（Agia Irini）

早期基督教的艾吉宜日尼大教堂（也作Agia Eirini）在佩里萨留下了星星点点的痕迹，这证明了古时的佩里萨已有人烟。古老的教堂有坍塌的危险，因此谢绝参观。在前往安坡里奥的街道旁，人们还发现了更多来自公元五六世纪的古建筑遗址。🏠 从佩里萨海滩北部往内陆方向行进30米

圣蒂斯喀特菲安尼斯教堂（Panagia Tis Katefianis）

这座白色的小教堂矗立于梅萨沃诺岩壁之间，十分显眼，在佩里萨就能瞧见。遗憾的是，教堂长期关闭，你可以通过一条往锡拉古城方向的山路前去一探究竟。

蒂米欧斯塔弗洛教堂/斯塔弗洛斯教堂（Timiou Stavrou/Stavros Kirche）

教堂建于19世纪，曾是修道院的一部分，拥有5个圆顶，紧靠阡陌小道，是村落的主教堂，同时也是圣托里尼岛第二大教堂。仅在礼拜时开放。

美食

当地锦囊 上帝的花园（God's Garden）

餐厅四周绿树成荫，紧靠主干道，物美价廉的圣托里尼特色菜肴配上热情的服务，弥补了餐厅位置的小小缺陷。农家风味的圣托里尼岛蜗牛是餐厅的特色菜品。🏠 位于安坡里奥主路左侧10米处 🕒 每天11:00后营业 ¥ €

拉瓦餐馆（Lava）

餐馆四周种满了红荆树，客人们可在树下品尝美食。客人可亲眼见证店主洛安尼斯（Loannis）如何用巧手烹饪出香气袭人的菜肴。店内还有优质素食和香醇葡萄酒。🏠 露营广场以南500米，靠近沿海街道 🕒 每天营业 ¥ €

当地锦囊 恩托马蒂尼餐厅（Ntomatini）

餐厅的主人是一对年轻夫妇，他们重新诠释了古希腊，尤其是克里特岛菜系。餐厅从克里特岛进口香肠和腊肉，带有纯正的当地风味。同时，餐厅还创新了希腊式鱼汤，加入大量新鲜蔬菜进行调味，由此大受推崇，现仅接受预订。🏠 紧靠沿海街道，位于佩里萨南部 🕒 每天12:00后营业 ¥ €€ @ www.ntomatini.com

佩里萨港口城堡餐厅（Perissa Porto Castello）

这是海岸旁唯一一家带屋顶花园的餐厅，实惠的菜品多种多样，同时还提供少量黎巴嫩特色美食，主要面向没有口味要求且预算有限的普通旅客。🏠 沿海街道的北端 🕒 每天10:00后开始营业 ¥ €~€€

购物

托尼美术馆（Tonys Art Gallery）

馆主安东尼奥斯·布雷卡斯（Antonios Prekas）身兼多职，既是木匠、饭店老板，也是艺术家。他利用岛上随处可见的熔岩、浮石、火山灰和旧木料制作拼贴画，主题多为圣托里尼岛风光。🏠 位于前往安坡里奥的主路旁 🕒 每天21:00—23:00 @ www.tonys.gr

海滩

佩里萨和维查德之间是大片的熔岩沙滩，较圣托里尼岛其他沙滩沙质更细软，实为戏沙踏浪的好去处。

佩里萨海滩（Perissa Beach）（折页F–G 7–8）

这片细沙海滩始于北部的梅萨沃诺悬崖，延伸到5千米开外的维查德港口。海滩被分成不同区域，中部是佩里沃洛斯海滩，靠近维查德的则被称作维查德海滩（Vlichada Beach）。佩里萨和佩里沃洛斯地区的沙滩设施较为齐全，提供躺椅和遮阳伞租赁服务，还有水上运动体验项目。

夜生活

布蒂酒吧（Bounty）

无论白天黑夜，欢乐的浪潮始终在这家海滩酒吧中涌动。🏠 地靠沿海街道，位于营地广场的高地上

满月酒吧（Full Moon Bar）

备受欢迎的音乐酒吧，晚上常变身舞厅，偶尔有乐队现场演出。🏠 位

于海滩街道旁

当地锦囊 丫丫酒吧（Yaya）

旧时的番茄酱工厂变成了今天的迪斯科舞厅和咖啡馆。在天气晴朗时，舞池甚至还会设置在室外。位于佩里沃洛斯海滩的街道 7—8月每天营业，其他月份仅周末营业

爵士酒吧（Yazz）

这个受红荆树庇荫的沙滩酒吧也在白天营业。顾名思义，美妙的爵士乐总是在酒吧中飘荡。靠近露营广场，位于沿海街道上

住宿

美尔丹村落酒店（Meltemi Village）

酒店的花园十分漂亮，同时配有数个淡水泳池、儿童水上乐园和泳池酒吧。地理位置极佳，距沙滩仅200米，距小镇中心仅700米。酒店共有56间客房。位于安坡里奥—佩里萨路段 ¥ €€ 22 86 08 13 25 @ www.meltemivillage.com

热纳旅馆（Rena）

简约的小旅馆距海滩不足百米，同时设有泳池，价格十分实惠。位于安坡里奥—佩里萨路段 ¥ €€ 22 86 08 13 25 @ www.meltemivillage.com

瓦西里斯精选酒店（Vassilis Rooms The Best）

客房带有浓浓的圣托里尼岛风格，装修高雅，房型从2人间到6人间不等，内含泳池。酒店共有7间客房。位于安坡里奥—佩里萨主路右侧，距市中心约300米，据海滩仅50米 ¥ €€ 22 86 08 17 39 @ www.thebest-santorini.com

维吉拉酒店（Veggera）★

酒店前台和餐厅位于一栋古典别致的建筑内，美味的菜肴物有

柏拉图如是说

公元前5世纪的希腊哲学家柏拉图曾在其《对话录》中的两个篇章——《蒂迈欧篇》（*Timaios*）和《克提拉斯篇》（*Kritias*）内，叙述了神秘古国亚特兰蒂斯的传说与覆灭。从那时起，人们便开始孜孜不倦地探索亚特兰蒂斯的下落。有人猜想，德国的黑尔戈兰岛曾是古国的一部分，也有说法称，古国位于今天的亚速尔群岛、加那利群岛，甚至是在巴勒斯坦境内。最被广泛认可的说法则为，圣托里尼岛就是柏拉图笔下的亚特兰蒂斯，因为二者都曾在相近时期遭受过火山的致命一击。这个看似完美的理论却有一个致命漏洞——据柏拉图记载，失落的亚特兰蒂斯位于“海格力斯之柱”以外的海域，即今天的直布罗陀海峡。除了古国的具体地址，关于柏拉图信息的来源也疑云重重，柏拉图到底是从传说中获得灵感，还是仅为了方便说教凭空编造了古国的故事，至今都没有答案。

可以从这里进入安坡里奥的卡斯特里区——这里戒备森严，位处高地

所值。酒店客房带有圣托里尼岛标志性拱顶的双层建筑，四周安静，景色宜人。酒店共有73间客房，还设有两个泳池、水上乐园、按摩浴缸和桑拿室。🏠 位于佩里沃洛斯方向的沿海街道，距公交车站约400米 ¥ €€~€€€ ☎ 22 86 08 20 60 @ www.veggera.com

露营

露营爱好者不难在佩里萨的海滨小路和海滩上找到干净、背阴的地方，这里设有简易卫生间，海滩还有小网吧以及公用厨房和电源插座等设施，可满足旅客的基本需求。除此之外，海滩还提供阿希尼奥斯港口免费寄送服务。需要提醒的是，每当夜幕降临，广场两侧的酒吧一条街开始迎来欢乐的人群，海滩将会非常嘈杂。🕒 6—10月初开放 ☎ 2 86 08 13 43

周边景点

锡拉古城（Ancient Thira）（折页G7）

佩里萨有一条小路直通锡拉古城，步行需1~1.5小时。小路起于一条柏油马路，这条路从海滩北端向内陆延伸。

当地锦囊 安坡里奥（Emborio）（折页F7）

安坡里奥是岛上最生动的内陆村庄之一。古色古香的村庄还原了中世纪时期圣托里尼岛的风貌，蓝白相间的基克拉泽斯建筑还可以在侵蚀谷和火山口边缘看到。古村中心没有餐厅或咖啡馆，只需两个小时你就能游遍全村。

在费拉和佩里萨之间往返的班车停靠在村落主广场，宽阔的广场四周桉树环绕，为停放的车辆提供一方

阴凉。建议驾车前来的旅客背对街道而停，最佳位置是运动场前方、靠近小商铺的地方，别忘了认清停放车辆的具体方位。站在广场上面向北部，往前面约300米开外的地方看，你会发现村庄边缘的山坡上矗立着一座高大雄伟的古堡——皮尔戈斯古拉斯（Pyrgos Goulas）。中世纪时期，这座塔形古堡里居住着贵族。那时，当海盗劫掠小岛时，村民们常来这里寻求庇护。古堡谢绝参观。

现在，请将目光投向右侧的村庄最高点，那里是安坡里奥徒步之旅的终点。在广场的左下角，一个带有“传统区域”字样的蓝色路标则是路程的起点。你将一路经过安坡里奥小学（位于右侧）和主教堂（位于左侧），上行的路段将在一栋古典别墅前戛然而止。右转约100米，你将来到阿吉奥斯匹利多纳斯教堂（Kirche Agios Spyridonas）前。教堂带有经典的蓝色圆顶，中央广场两侧的祭坛饰以公牛头浮雕，右侧的祭坛后来被改作施洗盆。

离开教堂广场，右方有一条小路，它将引领你前往20米外的钟楼。走过教堂的后殿，上坡，你将遇到一个编码为“03 350”的电表，然后右转，你的面前是一条光线昏暗的小巷。巷子因上方房屋遮挡而缺乏光线，曾是中世纪时期城市的入口。走过小巷，首先映入眼帘的是圣卡利斯教堂（Panagia Kalis）和教堂内一座四层高的塔楼，而后你将来到数百年前人们的居住中心。

从教堂南侧（即右侧）下坡，再次经过一条穿房底而过的拱形小巷，你将步出狭窄的卡斯特罗区，重新回到阳光的怀抱。从这里放眼望去，你可以探索出威尼斯时代基克拉泽斯群岛民居的外观特点——这些中世纪的村落外墙曾作城墙发挥防卫功能，几乎无窗。在安坡里奥往费拉方向的公路上，路段起始告示牌对面有一条美食街。同时，该区域的大片美术馆也在默默等待艺术爱好者的光临。该区域的圣尼古劳斯马尔马里蒂斯教堂（Agios Nikolaos Marmaritis）历史悠久，建于公元前3世纪。教堂规模袖珍，墙面未经粉刷，也没有柱子。6块硕大的大理石构成了教堂的墙面，分成3部分的门墙跨过三角山墙尖。教堂不对外开放。🏠 距佩里萨3千米处

省钱有道

从佩里萨海滩乘船直达红海滩，来回需付16欧元。如果绕路前往，即乘公交车先经费拉，到达阿克罗蒂里，后乘船前往红海滩，可以节省2欧元，顺带游览白海滩。

如果你能够适应集体宿舍，那么佩里萨的安娜青年旅馆（Youth Hostel Anna）是一个相当不错的选择，同时还提供行李寄存和单车租赁等服务。床位按季节定价，从6欧元到18欧元不等 🏠 位于安坡里奥主路 ☎ 22 86 08 21 82 @ www.hostelworld.com 🚌 乘坐巴士出行十分方便，附近站点名为圣安东尼奥斯站

当地锦囊 **佩里沃洛斯（Perivolos）**（折页 F-G8）

佩里沃洛斯紧靠佩里萨。沙质细软、面积广阔的海滩吸引了众多

维查德渔港建于一个浮石湾中

游客，时尚餐厅、海滩酒吧随处可见。旺季时节，海滩常常游人如织。海滩上没有恢宏的建筑，轻松的气氛使海滩成为休闲胜地。在佩里沃洛斯，香槟代替了矿泉水，沙发躺椅代替了高档家具，沙滩排球则是晚间娱乐项目的重要部分。傍晚时分，有能力承担较高消费的旅客可以前往沿海街道的●诺托斯海边餐厅（Notos Seaside ¥ €€€ @ www.seaside-restaurant.gr），邂逅令人心醉的日落景观。餐厅可供应早午餐，晚餐还会供应各国美食。你可以在这里品尝到金箔墨鱼烩饭和黄豌豆泥等顶级菜品。从早到晚，音乐声不绝于耳，无论是爵士乐、民歌还是希腊本土摇滚音乐，都深受旅客们的喜爱。

维查德港口（Vlichada）（折页 E8）

自1997年停止使用以来，维查德一直是岛上保存最完整的旧港口。在街道与港口交界的地方，矗立着两个废弃的番茄酱工厂。今天，你依然可以清晰地看到工厂的烟囱和车间。长达600米的灰色熔岩海滩从港口一路向南延伸，直到阿克罗蒂里。沙滩常年吸引大量游客前来拜访，提供躺椅和遮阳伞租赁服务。在通往佩里萨的路口上，维查德·迪米特里斯餐厅（Taverne Vlichada-Dimitris 每天营业 ¥ €€）坐落于悬崖边缘，即港口上空，视野绝佳。你可以在这里品尝到新鲜海鱼、熟食和贝类菜肴。餐厅的章鱼沙拉（chtapodi salata）十分值得品尝。餐厅后方是星光精选酒店（Stella Rooms ¥ € 22 86 08 25 32 @ www.vlichada-dimitris.gr），设有小型泳池和16个装修现代的房间，部分客房还可享受海景。距佩里萨7千米

伊亚及北部

伊亚和首府费拉在有些方面十分相像。比方说，伊亚的住宅同样大多沿火山口边缘而建，有的甚至直接藏于火山壁之中。和费拉一样，伊亚在1956年7月9日的大地震中遭到了严重破坏，后来在残垣断壁中重建。20世纪70年代起，在蓬勃发展的旅游业带动下，伊亚重获新生。

与费拉不同的是，伊亚的北端除了面向火山口，还直面开阔的爱琴海海面。两片风格迥异的建筑群将这个岛屿西北部的小镇划分开来，旧时船主所居住的古典别墅沿火山口而立，而平民则大多入穴而居。这些窑洞拥有绝美的火山口景观，后被改造为全岛最昂贵的酒店客房。

伊亚

（Oia）（折页 C-D2）与费拉邻近区域一样，伊亚（人口约1000）周边的菲尼基亚（Finikia）和佩里沃洛斯融入了伊亚共同发展。伊亚自岛屿西岸向下延伸至托罗斯（Tholos）。在火山口边缘，酒店与公寓林立。沿

上图：暮色中的伊亚

伊亚的日落景观远近闻名：与费拉相比，伊亚的景色毫不逊色，却更显宁静。伊亚离岛上的各大海滩也很近。

火山口边缘的小道有许多商店、咖啡馆和餐厅。

与费拉不同，伊亚没有游轮旅客的叨扰，更显清净。只有在傍晚时分，来自岛屿各地的旅客才会蜂拥而至，一睹伊亚的日落美景——伊亚是人们公认的拥有全岛最绚丽的日落景观的地方。另外需要特别注意的是，伊亚地名的发音常被误读，正确的发音为“伊亚”，而非“奥伊亚”。

景点

阿莫迪港（Ammoudi）★●

你可以通过近300级的阶梯步行而下，也可以选择驾车前往港口。阿

阿莫迪港——这里的章鱼从生龙活虎到变成美味佳肴，只需要一只触角的距离

莫迪港是个外海港湾，码头上开办了数家餐馆，为游客提供新鲜打捞的海鱼。在港口驻足，眼前船只往来匆忙，远处的奥斯小岛身影朦胧，曼妙的海景绝对能给你带来浪漫的体验。从港口出发，一条约250米长的小路经过港口的数家餐厅，通往圣尼古劳斯海角（Kap Agios Nikolaos）方向。海角前方不远处是圣尼古劳斯（Agios Nikolaos）小岛，小岛上有一座教堂。如果你足够勇敢的话，可以尝试从港口游向小岛。从伊亚前往港口的阶梯位于隆德萨堡（Londsa Burg）北部。

阿尔梅尼（Armeni）

正如航海博物馆的展览所介绍的那样，阿尔梅尼小港口先前是用于停靠渔船（木制小船，俗称kaikis）和货船的港口，后被1956年的地震摧毁了。现今重建的阿尔梅尼港口主要供火山口环旅的游轮使用，港内甚至还有一个小型船厂可提供船只的简单检修。从港口返回伊亚的路上设有一个小餐厅，提供饮品和茶点。火山口边缘的小道中部有一条阶梯通往港口，步行时间为15~20分钟。在旺季，你也可以选择骑驴，价格在8欧元左右。

隆德萨堡（Londsa Burg）★

这座古堡遗址位于伊亚城镇区域以外，是圣托里尼岛最美的景点之一。登高俯瞰，火山口和小镇的绝大部分地区都尽收眼底。将目光放远，附近的奥斯和福莱甘兹罗斯（Folegandros）小岛尽显其美景。当天气晴朗的时候，你甚至可以望到斯基诺斯（Sikinos）的身影。古堡的前身为中世纪时期威尼斯贵族的府邸，在19世纪被大面积摧毁。重建后的古堡成为一个绝佳的观景平台，日落时分的景色尤为壮阔。¥ 免费游览

乐器历史博物馆（Museum Historische Musikinstrumente）

一位西方古代音乐及拜占庭音乐的研究者根据古代壁画和书籍里的配图，重现了许多古代乐器，且皆可弹奏。博物馆除了展出一系列的复刻品和音频样本，还展出了巨型乐器模具。🏠 火山口边缘小道，位于旧市政厅内 🕒 开放时间不定 ¥ 门票3欧元

航海博物馆/海事博物馆（Maritime Museum）

如果你对航海情有独钟，那么这个位于古典别墅中的小型博物馆十分值得一游。博物馆内陈列了整整两层楼的航海设备和船只。馆内还有一系列的老照片，展示了1956年大地震以前的伊亚风貌。镇馆之宝当属馆内的一尊船头木雕，是在伊亚母港的一艘帆船上被发现的。这尊木雕塑造了一位迷人的女性，她身上的首饰烦琐，一只乳房坦露在外面。🏠 位于火山口边缘小道 🕒 4—11月中旬，每周仅周二不开放，每天10:00—14:00，17:00—20:00开放 ¥ 门票3欧元

美食

1800餐厅

餐厅装潢精致，由一栋拥有200年历史的船长住宅改建而来，餐厅带有一个小露台，但没有火山口景色。餐厅提供经典的地中海美食，你可以品尝到红酒番茄迷迭香酱汁腌羊肉等美味菜肴，还能享用精选的葡萄酒和香槟。建议提前预订。🏠 位于火山口边缘小道 🕒 每天18:00后营业 ¥ €€€ 📞 22 86 07 14 85 @ www.oia1800.com

当地锦囊 阿尔基奥娜餐厅（Alkyona）

餐厅位于主干道上，外表毫不起眼，但美味佳肴却值得来往的旅客驻足品尝。食品自产自销。在早上，你甚至可以看到这里的女主人亲自采摘葡萄叶。🏠 位于主停车场旁 🕒 每天营业 ¥ €

安布罗西亚餐厅（Ambrosia）

作为岛上的高级餐厅，店内菜品价格昂贵，仅希腊的特色黄豆泥的售价就高达13欧元。餐厅内摆放

必游景点

★ **阿莫迪港**
从早到晚，宁静与祥和始终笼罩着这个海边的小港。→ P.85

★ **隆德萨堡**
绝佳的观景之地。→ P.86

★ **梅列尼奥餐厅**
视觉与味觉的双重享受。→ P.88

★ **巴克达斯海滩**
悠长的海滩，宁静的地方。→ P.90

★ **圣托里尼高级水疗馆**
位于火山口边缘的伊亚中心地带，带给客人健康和休闲的双重享受。→ P.92

了大量的古董作为装饰，在烛光掩映的露台上，客人们可饱览火山口的美丽风光。餐厅提供地中海创意美食，建议提前预订。🏠 位于火山口边缘小道的近海一侧 🕒 每天19:00后营业 ¥ €€€ 📞 固话：22 86 07 14 13，手机：66 93 70 87 11

菲尼基亚烤吧（Finikia）

木炭烤架是该餐馆的一大特色，你可以在这儿品尝到美味的面包和特色菜品，如羊肉包土豆、肉馅酥皮糕点以及希腊特色果仁蛋糕baklavás。此外，餐厅还提供白葡萄酒烩海贝或火鸡。🏠 菲尼基亚，位于主路 🕒 每天营业 ¥ €€€

卡蒂那餐厅（Katina）

全岛最美港口——阿莫迪港内3家餐厅之一，由年事已高的卡蒂那太太及她的3个儿子共同经营。海鱼和其他各式海鲜是这家餐厅的标配，同时，餐厅还提供醇香的圣托里尼葡萄酒。🏠 阿莫迪港口 🕒 每天营业 ¥ €€€

当地锦囊 科基诺·波迪纳托（Kokkino Podilato）

这里有一家名为“红色自行车（Das rote Fahrrad）”的咖啡厅，楼顶露台直接越过嘈杂的火山口边缘小道，为客人提供广阔的观景视角，可以一览伊亚火山口边缘海岸直到南部灯塔的景色。餐厅同时提供美味的饮品，实为放松身心的绝佳去处。🏠 靠近火山口边缘小道北端 🕒 每天营业 ¥ €€€

梅列尼奥餐厅（Melenio）★

餐厅里售卖的甜品中看又中吃，颜值与味道俱佳。店里有很多种糖果供您选择，还有经典的蛋糕和馅饼。🏠 火山口边缘小道北部

我的圣托里尼岛（Santorini mou）

餐厅在伊亚东部菲尼基亚（意为棕榈树）区的主路上，露台面积广阔，客人可以在浓郁的田园风情中享用希腊经典美食。每晚22:00以后，还常有乐队现场演奏希腊音乐。🕒 每天18:30开始营业 ¥ €€

一分钟的威力

圣托里尼岛的1956年可谓是多事之秋。第二次世界大战刚结束，希腊旋即爆发内战，直到1949年才结束。圣托里尼岛苦于战争，人民饥贫交加。战争仅仅过去7年，圣托里尼岛再次遭遇致命一击。1956年7月9日的凌晨5:30，大地开始剧烈晃动，强度达里氏7.8级。仅仅过了1分钟，地震就摧毁了岛上40%的房屋，造成50人死亡。位于火山口边缘的伊亚和费拉小镇灾情尤为严重。在接下来的24小时内，发生了超过250次余震，甚至导致部分火山壁坍塌，坠入大海。这次大地震迫使不少岛民离开自己的家园，甚至有人至今未还。圣托里尼岛的伤痕久久未愈，直到20世纪70年代初，在旅游业的带动下，圣托里尼岛才逐渐得以恢复元气。

大平台——流星咖啡厅的露台摆放了大量古董作为装饰

购物

伊亚纺织厂（Oia's Weaving Mill）

这个小型传统手工纺织厂的产品称不上精妙绝伦，但却十分结实。位于火山口边缘小道和市政厅下方（有路标）周一至周五7:30—15:00营业

有机美妆（Organic Beauty）

店内自然的芬芳足以说明该店绝大部分化妆品都采用蜂蜜和橄榄油等纯天然原料。该商店还提供各式各样的古董和拜占庭时期珠宝饰品的仿制品。位于火山口边缘小道，1800餐厅对面

伊亚艺术画廊（Studio Art Gallery Oia）

画廊主要展出了希腊画家斯里达基斯（Sivridakis）的水彩画，多数以圣托里尼岛风光为题材，也有手绘明信片或其他印刷品。大多数情况下你都能在画廊遇到画家本人。位于市政厅和隆德萨堡之间的小道

当地锦囊 浪潮艺术馆（The Wave/To Kyma）

馆主乌什·施密特（Uschi Schmid）是一名玻璃艺术家，来自德国巴伐利亚，后来在圣托里尼岛长期旅居。馆内的商品中，最值得一提的是玻璃手提包、基克拉泽斯房屋以及由薄夹层玻璃制成的帆船，其精美程度不亚于真正的艺术品。艺术馆还售卖玻璃做的安全套形状纪念品，部分收益归艾滋病防护协会所有。同理，销售动物形象玻璃制品的收益也用于资助当地的动物福利协会。除此之外，艺术馆还提供用火山灰制作而成的饰

圣托里尼岛

波浪：由玻璃制成的钱包及瓶子，蓝色和绿色像波浪一样闪闪发光

品。乌什·施密特十分热情，常常给予顾客许多实用的购买建议。🏠位于阿尔梅尼海滩入口的火山口边缘小道

海滩

伊亚并非滨海胜地，如果游泳爱好者能忍受半个小时的步行路程，或能租赁交通工具前往海滩，那么伊亚仍然是一个不错的住处。

巴克达斯海滩（Baxedes Beach）★

（折页 D1）

这片熔岩海滩长度近3千米，从北部的黑塔加诺海角（Kap Mavropetra）直达南部的哥伦布海角（Kap Koloumbos），沿爱琴海畔的浅色浮石壁一路延伸。海滩大部分区域未被开发，视野开阔，湛蓝的爱琴海近在眼前。在海边峭壁和海滨街道的近陆一侧，仅有几家稀稀落落的饭店和小旅社。海滩的中间区域也被称作天堂海滩（Paradissos Beach），东部又名哥伦布海滩（Koloumbos Beach）。海滩上不提供遮阳伞和躺椅租赁服务及水上体验项目。在旺季，每天都有巴士在伊亚和海滩之间往返数次。🏠距伊亚的巴士掉头路口3.5~7千米处

卡特拉多斯海滩（Katharos Beach）

（折页 C1–2）

在通往伊亚和阿莫迪港的两条主干道之间有一条土路，沿路行走约200米，路尽头有一条约30米长的小径，向下直通海滩。卡特拉多斯海滩长约80米，形状狭窄，颜色黝黑。除了旅游旺季，几乎无人光顾，遮阳

伞和躺椅也不见踪影，只有岸边的岩石为游人提供些许阴凉。仲夏时节，卡特拉多斯海滩酒吧直接开设在沙滩上，露台夹在巨大的火山岩之间，由帆布做顶，别具风情。

波里海滩（Pori Beach）（折页 E1–2）

波里海滩横于一座低矮的悬崖之前，长度达1400米左右。除了七八月份，这个黑沙滩几乎被世人所遗忘。沙滩上不提供沙滩用具的租赁和巴士接送服务。🏠 距伊亚6.5千米

住宿

1864船长之家（1864 Kapetanospito）

酒店位于火山口边缘，其前身为船长住宅，始建于1864年，后改装成3套客房，给客人带来舒适奢华的体验。套房内有大量古玩和艺术摆件，风格典雅，配备网络连接服务，同时还提供纱笼装束，方便客人戏水踏浪的服装。此外，入住酒店还可亲自驾驶双体帆船，畅享火山口之旅。酒店每天的餐饮服务一直供应到下午，露台还提供按摩及其他理疗服务。🏠 伊亚中心，火山口边缘小道 ¥ €€€ 📞 22 86 07 19 83 @ www.seacaptainshouse.com

酒店推荐

佩里奥拉斯酒店（Perivolas Hotel）

酒店坐落在高悬于爱琴海之上的悬崖上，设有一个享有壮丽海景的似乎要直坠爱琴海的无边泳池，让所有人惊叹它的浪漫。酒店的17间私人套房位于翻修过的洞穴中，这些洞穴已有300年的历史，泳池几乎登上过所有知名旅游杂志的封面。是全球十大最佳泳池之一。🏠 Oia 847 02 Greece 🕒 周一到周日00:00—24:00 ¥ €€€

阿斯巴奇梅森艺术城堡酒店（Art Maisons Aspaki）

酒店立于火山口边缘，分为3层的独栋建筑，拥有4个豪华客房，每个房间都有一个别具创意的名字。如果有需要的话，一层的两间双床房可打通合为一间。对于情侣而言，酒店二层的当地锦囊“无尽的蓝色”蜜月套房是不容错过的选择：想象一下，坐在阳台的按摩浴缸中，一边舒服地浸

省钱有道

在物价高昂的伊亚，汽车终点站附近的托马斯烤吧（Thomas Grill）和广场一号餐厅（I Platia）的价格算得上是相当实惠的。想要在火山口边缘享受物美价廉的菜肴，蓝天餐厅（Blue Sky）十分值得光顾，主菜仅需7~9.5欧元，具体位置在公交车站与火山口边缘之间。

少花钱、多赏景，绝非不可能！从伊亚开往费拉的班车中，有一辆车不走寻常路，舍弃火山口边缘的高速公路，沿着东海岸行驶，途经巴克达斯海滩。也就是说，别人需要花大价钱租车才能看到的沿途风景，你只需花费1.8欧元即可尽收眼底。这趟巴士从伊亚发车，时间为7:20、9:45、13:00、14:30和18:30（巴士路线不同，上车前务必要询问司机是否途经海滩）。

圣托里尼岛

美不胜收！伊亚最高点的阿斯巴奇梅森艺术城堡酒店带给你绝美景观

在泡沫的海洋，一边欣赏火山口绝佳的风景，实为一大乐事！客房内配备空调和开放式壁炉，冬暖夏凉，全年宜居。需要注意的是，酒店谢绝12岁以下儿童入内。🏠 位于火山口边缘小道 ¥ €€€ 📞 22 86 07 18 31 @ www.artmaisons.gr

博物馆酒店（Museum）

酒店格调高雅，拥有9间客房。酒店的原身是一座老船屋，巴伐利亚维特尔斯巴赫王朝的奥托一世国王与王后奥登堡公主阿玛利亚都曾在此过夜。船屋后来还作海事博物馆使用，最终被精心改造为酒店。

无论是否在酒店入住，都可以在酒店的★圣托里尼高级水疗馆（Santoroni Premium SPA ⏰ 每天11:00—21:00营业 @ www.santorini-spa.net）享受独一无二的体验。头顶一方纯净天空，享受着专业服务，身心全然舒缓，正如广告语所说的那样可谓“人间天堂”。

当然，如此舒心的服务，价格并不便宜，双人套餐的价格为200欧元，内含60分钟的四手按摩和池畔午餐，同等价钱的单人套餐包含130分钟的克里奥佩特拉温泉沐浴、四手按摩及理疗午餐。🏠 位于火山口边缘小道 ¥ €€€ 📞 22 86 07 14 06 @ www.hotelmuseum.net

问询中心

你可以在伊克拉玛假日（Eco-roma Holidays）这样的旅行社获得相

关信息。位于汽车总站 22 86 07 15 07

周边景点

阿奇奥阿尔忒弥斯教堂（Agios Artemios）（折页 F2）

教堂独立于岛屿东侧的海岸平原上，位置偏僻，地势略高。教堂内有很多圣徒居所，有的位于花团锦簇的庭院内，有的则位于教堂对面火山岩的窑洞内。仅在每年10月19、20日为期两天的教堂落成纪念日上才开放，供信徒居住。位于伊亚，距巴士掉头路口9千米

当地锦囊 波里港口（Pori）（折页 D2）

小港口位于波里海滩的南端，黑色的熔岩悬崖将它结结实实地环绕一圈，让人觉得仿佛置身于亚速尔群岛知名火山岛皮可岛上。这个海滩几乎无人问津。位于伊亚，距巴士掉头路口8千米

斯加拉斯酿酒厂（Sigalas Wine Factory）（折页 D2）

酒厂主人曾是一位数学老师，1991年起转行从事葡萄种植。他的果园面积达7万平方米，高价聘请果农种植有机葡萄，葡萄酒年产量达7.5万瓶。酒厂远离游人纷扰，露台上藤蔓缠绕，客人们可一边品酒，一边悠闲地欣赏爱琴海的美丽风光。位于伊亚—费拉路段下方1450米处（往菲尼基亚路牌方向走），距伊亚的巴士站3千米 4月、10月、11月，每周一至周五10:00—19:00开放，周末11:00—20:00开放；6—8月，每周一至周五10:00—21:30开放，周末11:00—21:30开放 www.sigalas-wine.com

锡拉夏岛（Thirasia）（折页 A–C 2–4）

锡拉夏岛在西端与圣托里尼主岛遥遥相对，岛上居民仅有160人。每天都有私人渡船从伊亚的阿尔梅尼港口出发，到达锡拉夏的里瓦（Riva）港口（¥ 5欧元）。可搭载港口的出租车或班车前往锡拉夏中心地区，也可步行3千米前往。马诺拉斯（Manolas）因其独特的地理位置和别致的风光而著名，值得一游。22 86 02 22 39

独特体验之旅

1 圣托里尼岛最美之旅

起点： ❶ 费拉
终点： ❶ 费拉

2天
乘车时间
3个半小时

路程：
105千米

费　　用： 包含两天住宿、餐饮、门票、租赁车辆及加油的费用，总共需要330欧元，还有水上飞伞38欧元，搭乘船只需6欧元左右。

携带物品： 游泳用品。

圣托里尼岛是个袖珍岛。如果你愿意租车来一场自驾游，大可以悠闲地四处逛逛，累了就停下来，在碧海蓝天的怀抱中歇歇脚。一定不要错过圣托里尼岛的咖啡馆和餐厅，曼妙的风景结合美味佳肴将为你揭开岛上生活的一角。首府费拉是全岛的休闲胜地，位于火山口边缘的中心位置。

上图：圣托里尼岛海岸

地球的每个角落都有其美丽之处。如果你想发现每个地区的独特魅力，如果你想找到值得驻足观赏的景物、震撼人心的去处、美味的餐厅……这份定制的深度游攻略再合适不过了。

旅程将从❶费拉→P.35开始，首先搭乘9:30左右出发的那趟火车，它将带着你一路沿着火山口边缘前往阿克罗蒂里海角的❷法罗斯灯塔→P.77。灯塔上视野极佳，你可以看到克里特岛方向的一片宽阔海域，另一侧则可以观赏到卡尔德拉火山口的全貌。回程的火车将会穿过阿克罗蒂里村，到达❸阿克罗蒂里古城遗址→P.71，参观大概需要1小时。

第1天

❶ 费拉

14千米

❷ 法罗斯灯塔

6.5千米

❸ 阿克罗蒂里古城遗址

1.5千米

④ 红海滩

1千米

⑤ 海豚餐厅

8千米

⑥ 番茄酱工厂

5.5千米

⑦ 佩里萨海滩

9千米

⑧ 加勒提亚陶器坊

100米

⑨ 阿克隆艺术中心

3.5千米

⑩ 圣托里尼岛酿酒厂

古城下方几步远的地方就是码头，你可以在这里搭乘当地锦囊小船到④红海滩→P.76，在红海滩纵享海水与阳光。14:00左右回到阿克罗蒂里码头，你可以在毗邻大海的⑤海豚餐厅→P.74来一顿海鲜大餐。饭后，返回火山口边缘小道，往维查德→P.83方向走。你将遇到一个废弃的⑥番茄酱工厂，工厂位于⑦佩里萨海滩→P.79，工厂高耸的烟囱已经被拆除，只剩下残躯沉睡在旧日的时光里。在小辣椒海滩酒吧（Beachclub Chili）喝完美酒，你还可以体验海滩上的特色水上运动→P.108，如果你有足够的胆量，可以尝试水上飞伞——快艇拖着带人滑翔伞，体验一把悬空俯瞰岛景的快感。

18:00左右，在爵士酒吧→P.80喝完一杯咖啡后，回到露营广场的高地，准备来一场环岛之旅。再次回到火山口边缘小道，河口的位置到处都是精品商店。你可以在⑧加勒提亚陶器坊→P.64购买到精美的陶器，⑨阿克隆艺术中心→P.64提供古希腊时期艺术品的仿品。然后经过一条通往阿希尼奥斯港口的小路，在你的左手边，紧挨火山口边缘是一座大型现代化的⑩圣托里尼岛酿酒厂→P.69。彼时恰好日落，晃动手里的酒杯，伴着晚霞，小酌一杯圣托里尼岛葡萄酒，实为一大享受。回到⑪费拉，如果你不想在住宿上花费过多，露营广场支路上的夏日时光酒店→P.49会是一个很不错的选择。晚餐可以在距酒店步行不到10分钟的那欧萨餐厅→P.44解决。

新一天的旅程再次从费拉开始。早上9:30出发，沿火山口边缘街道一路向北行驶，穿过圣托里尼岛北端的伊亚，从城区往下走，即可到达⑫阿莫迪港→P.85，你可以在这里欣赏到最别致的卡尔德拉火山口景观。继续向上行驶，回到⑬伊亚→P.84，时间尚早，你有机会找到一个合适的车位。这时，请沿火山口边缘小道步行，你将看到隆德萨堡→P.86。从古堡返回车位，你将途经海事博物馆→P.87。匆匆掠过一眼后，你可以在梅列尼奥餐厅→P.88品尝早餐甜品，同时欣赏火山口景观。你可以在13:30左右驾车离开伊亚，经过托罗斯后到达岛屿的北海岸。你可以在⑭德尔福尼餐厅（每天营业 €）点一道沙拉或鱼汤补充能量，餐厅就位于黑塔加诺海角的鱼类保护区上方。继续行驶，经过数个小海滩后，你将最终到达⑮阿奇奥阿尔忒弥斯教堂→P.93。参观完教堂后，开车上坡往岛内方向行驶，你将来到沃夫鲁斯村→P.51。穿过这个

4.5千米

⑪ 费拉

第2天

14千米

⑫ 阿莫迪港

1.5千米

⑬ 伊亚

4.5千米

⑭ 德尔福尼餐厅

6.5千米

⑮ 阿奇奥阿尔忒弥斯教堂

2千米

在圣托里尼岛酿酒厂品酒时，美妙的风光让人不忍离去

⑯ 窑洞

10.5千米

⑰ 卡马利

10千米

❶ 费拉

村庄，在一小片典型的圣托里尼岛式乡村坟墓下方右转。你将看到各种各样的⑯当地锦囊 窑洞，现已无人居住。在伊亚和费拉间的路段行驶，左转，按照费拉方向的指示牌走，你将在16:00左右到达⑰卡马利→P.53。主路尽头的海边有一个大停车场，旁边则是海滨长廊的入口。海滩中部为卡马利海滩→P.58，你可以在这里体验各种各样的水上运动项目，下海游上一圈也是个不错的选择。尽兴之后，你可以来到海滨长廊旁的原生态餐厅萨利瓦罗斯→P.58享用晚餐。饱餐一顿后回到长廊，信天翁酒吧→P.59的流行音乐和希腊民谣将给你带来一个愉悦的夜晚。从这儿出发，15分钟内就能回到❶费拉→P.35。最后，就用基拉·锡拉酒馆→P.47的圣托里尼岛特调葡萄酒——桑吉利亚汽酒来结束美好的一天吧。

2 漫步火山口：从费拉到伊亚

起点： ❶ 东正大教堂
终点： ⑪ 伊亚

路程： 13千米　**难度：** 非常简单

1天 步行时间 4.5小时

费　　用： 餐饮约需30欧元，搭乘班车需2欧元，50分钟的单人按摩需80欧元。

携带物品： 结实的鞋袜、便携食物、饮用水。

注意事项： 至尊理疗馆需要提前预订。从早到晚，每小时至少有一班车返回费拉。

这场绝美的徒步之旅对身体素质的要求并不高，路线容易辨认，标识也很清晰。第一阶段是从费拉到易莫洛林，然后穿过紧挨火山口边缘的伊亚，最终投身自然的怀抱。全程视野开阔，你可以俯瞰火山口的壮丽风景，远眺爱琴海的秀美风光。在伊亚的旅行还包含画廊之旅和理疗体验。

❶ 东正大教堂

2.5千米

09:30 从费拉的❶东正大教堂→P.36出发，沿火山口边缘小道向北走。你将首先经过考古博物馆→P.36、缆车站和圣托博物馆→P.41，然后你将

到达费罗斯特法尼的❷圣尼古劳斯修道院→P.39。只需略走几步，你就到了❸易莫洛林。小道从蓝色印记餐厅处分岔，这时你需要鼓足勇气，从一条100米左右的狭窄小路往下走，到达❹斯卡罗斯岩石→P.41。巨岩上矗立着一座古堡的遗址，如果你想要亲自入内一探究竟，一定要注意脚下。回到火山口边缘小道，在蓝色印记餐厅的后方有一条小路，拾级而上经过罗卡酒吧，你将来到易莫洛林的小广场前。

在马耳他酒店（Hotel La Maltese）后方左转，再次左转，在第一条小道处右转，经过瓦莱斯别墅酒店（Vallais Villa），在一段柏油路上有一个无名的

❷ 圣尼古劳斯修道院

50米

❸ 易莫洛林

700米

❹ 斯卡罗斯岩石

900米

熔岩地标——斯卡罗斯岩石

⑤ 迷你集市
150米
⑥ 艾瑞斯餐厅
50米
⑦ 阿吉奥马科斯教堂
2千米
⑧ 普诺菲提斯修道院
2千米
⑨ 康提那
1.5千米
⑩ 蒂米欧斯塔弗洛斯教堂
2.5千米
⑪ 伊亚

⑤迷你集市，你可以在里面购置食品和饮用水。现在，让我们再次回到徒步路线上来。

11:00 ⑥艾瑞斯餐厅（Taverne Iris 每天营业 ¥ €€）紧挨着火山口边沿，你可以在这儿点上一杯咖啡或热茶，也可以尝试一下面包蘸希腊特色酸奶黄瓜酱（Tzaziki）。需要注意的是，这或许是到达伊亚前唯一一个可以歇脚的地方，请确保得到充分的休息和能量补给。各式酒店扎堆在餐厅不远处，还有一个典型的圣托里尼岛墓地。经过圣托里尼岛理疗度假村（Santorini My SPA）后，顺着小路上行，道路在“去莫诺帕提”（To Monopati）咖啡厅前分岔，一直靠右行走，前方就是⑦阿吉奥马科斯教堂（Agios Markos）。教堂周围种满柏树，你可以在绿荫掩映的石椅上野餐。接下来，你将沿着一条狭长的混凝土小路上行来到⑧普诺菲提斯修道院→P.66，修道院位于同名山丘的斜坡上。从这儿开始，路上遍布熔岩沙和浮石，需要小心防滑。步行15分钟后，路况转好。当你到达费拉通往伊亚的主干道时，将会见识到全岛最狭窄的街道，同时欣赏到火山口和爱琴海的景色。步行几分钟后，你可以看到风格简朴的露天点心铺⑨康提那（Kantina），女主人几乎每天都会亲自烘焙一个美味的当地锦囊手工核桃蛋糕。点心铺旁边是红白相间的“步行小道”1号，你可以顺着小路前去拜访270米高的⑩蒂米欧斯塔弗洛斯教堂，步行时间为30~40分钟。现在，伊亚就在你的面前。一条小路穿过熔岩荒原，通往伊亚南端，引领你前往主要城区。小镇主路上有一个小广场，紧连着⑪伊亚→P.84的火山口边缘小道，你可以沿着小道探寻伊亚的全貌。

14:00 是时候填饱肚子了。夜曲咖啡厅（每天营业 ¥ €€），位于左侧的超市露台上，在这里，一边欣赏火山口美景，一边享用物美价廉的午餐。

15:30饭后，来一场购物狂欢也未尝不可。火山口边缘小道右侧的浪潮艺术馆→P.89为你提供琳琅满目的玻璃物件和原创首饰。几步之外的伊亚艺术画廊→P.89则以缤纷的圣托里尼岛风光水彩画而闻名。在“乔玛塔和阿罗玛塔”（Chromata & Aromata），你可以买到加入驴乳的自然化妆品和有机香皂。安特米奥则主营充满童话色彩的木偶。

17:00休闲时间到了！快来至尊理疗馆→P.92好好享受一下，请务必记得提前预订。约莫1小时后，你将继续前往隆德萨堡→P.86，这儿的观景台上一定挤满了等待日落景观的游人们。加入这支浩浩荡荡的游客大军，架好相机，期待一张完美照片的诞生吧！晚餐时间，沿火山口边缘小道略走几步，科基诺·波迪纳托→P.88咖啡餐厅将为你带来景观与美食的双重享受。最后，从餐厅到巴士终点站只需5分钟。

3 圣托里尼岛面面观：徒步观光爱琴海

起点： ❶ 皮尔戈斯
终点： ❾ “上帝的花园”餐厅

1天
步行时间
4.5小时

路程： 13千米

难度系数： 简单

费　　用： ¥ 餐饮约需20欧元，搭乘公交车4.1欧元，❻锡拉古城的门票每人5欧元，船票20欧元。

携带物品： 结实的鞋袜、长裤、防晒霜、泳衣、便携食品和饮用水。

此次徒步旅行将带你领略圣托里尼岛略显粗糙的原生态之美。圣托里尼最高峰普诺菲提斯山丘布满了裸岩，梅萨沃诺悬崖则三面临海，陡峭的岩壁直插海中。一路上，你将经过许多狭窄的蜿蜒小路，在风光秀美的村落中漫步。佩里萨海滩是路线终点，众多的时尚海滩酒吧将用快乐的喧嚣给旅程作结，好事成双——大部分酒吧都是免费的！

圣托里尼岛

❶ 皮尔戈斯

200米

❷ 要塞

200米

❸ 超市

3千米

❹ 普诺菲提斯山丘

1.5千米

❺ 饮料亭

09:00 ❶皮尔戈斯→P.66的广场是旅程起点。一条石阶引领你上到天主教区的一座❷要塞，在那儿你可以远眺圣托里尼岛风景。小小的热身之后回到广场，你可以在旁边的❸超市里购置一天所需要的食品和饮用水。沿着缓坡上的主路步行约700米，一个木制路标上标记着红白相间的罗马数字“IV”（4），路标指示的小径十分陡峭，距普诺菲提斯修道院仅200米，一路延伸到柏油街道。在❹普诺菲提斯山丘→P.66的天线装置前，一条小路通向下方锡拉古城的入口。小路穿过长满荆棘的狭窄山脊，直接通往瑟拉达鞍部（Sellada Sattel）——介于普诺菲提斯和梅萨沃诺的一座小山。驻足远眺，远处的风景令人心驰神往。你可以在这儿稍作休息，享用一顿当地锦囊山地野餐。

12:30 瑟拉达鞍部的停车场设有❺饮料亭，为游客提供咖啡和点心。从停车场出发，沿着石路向前，途经厕所后，你将来到❻锡拉古城→P.54。古城所在的高地形状修长，远远地向爱琴海探出身来。周遭环境充满原生态的风情，古老的城墙成为草木间的最好装饰。参观古城大概耗时一个半小时。接下来，沿着停车场饮料亭的路标指示前往佩里萨。途中，你也可以绕道前往❼圣蒂斯喀特菲安尼斯教堂→P.78，在高处领略海岸风光。

15:30 佩里萨小镇→P.78的❽佩里萨海滩→P.79是享受碧海蓝天的好去处，在那里，你可以在大海里畅游。海滩上的各式水上运动体验项目→P.108值得一试，你可以租借一艘脚踏船，来一次自由的海上漫步。一番嬉戏玩闹后已近傍晚，是时候来一顿特色大餐了。回到主路，往梅萨沃诺方向行走，你可以看到❾"上帝的花园"餐厅→P.79。餐厅提供圣托里尼岛特色美食，价格非常便宜！公共汽车站距餐厅仅几步之遥。

800米
❻ 锡拉古城
2千米
❼ 圣蒂斯喀特菲安尼斯教堂
700米
❽ 佩里萨海滩
4.5千米
❾ "上帝的花园"餐厅

4 另类圣托里尼岛：机场环路的摩托骑行之旅

起点：❶ 卡马利
终点：❿ 卡马利露天影院

1天
行驶时间
1.5小时

路程：
19千米

费　　用：¥ 餐饮、门票、租赁摩托车及汽油费用约65欧元；❿卡马利露天影院每人8欧元。
携带物品：结实的鞋袜和泳衣。

正如广告牌和明信片所展示的那样，很多来到圣托里尼岛的游客都只局限于圣托里尼为人所熟知的美丽景致。殊不知，岛屿之内还隐藏着不少惊喜。此次旅行就将带你深入探索一个不为人知的圣托里尼岛。一路上，你将欣赏到岛屿美丽的小众景观、系列特色古玩，同时还有很多品尝美食和自由活动的机会。这也是一次亲近大海的好机会，快到清爽的海水里好好放松一下吧！

圣托里尼岛

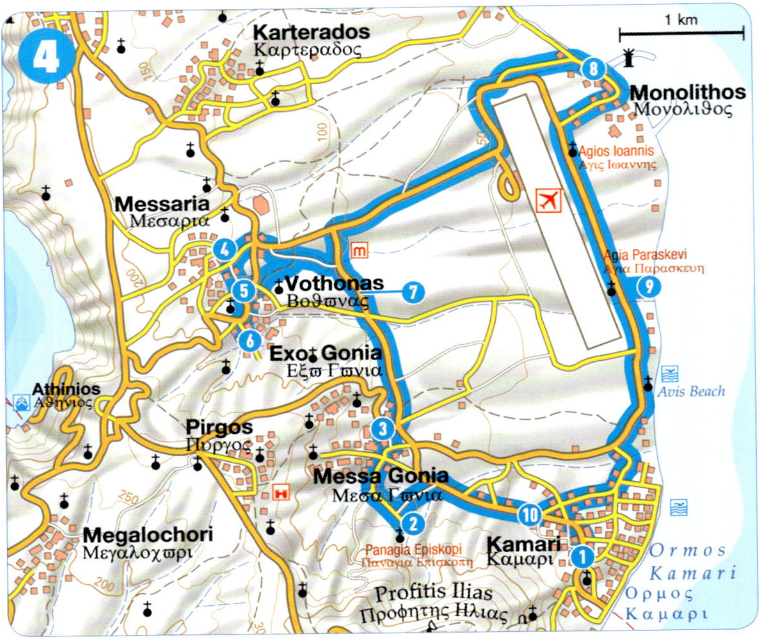

❶ 卡马利

2千米

❷ 圣伊比斯科比教堂

1.5千米

❸ 艺术空间

3千米

❹ 科里蒂克斯餐厅

500米

❺ 沃托纳斯村

600米

10:00 ❶卡马利→P.53是这场休闲之旅的起点。往费拉方向行驶，在卡马利北端不远处，你可以看到卡马利露天影院→P.59，也就是此次行程的终点站。沿着路牌向左行驶，你将来到❷圣伊比斯科比教堂→P.65，这座古老的建筑拥有一个异常美丽的花园。接着回到主路，按路牌指示继续行驶约300米后左转，你将看到一个建于窑洞中的美术馆——❸艺术空间→P.60。艺术馆由酒窖改建而来，你可以在欣赏现代艺术作品的同时品尝自酿葡萄酒。

13:00 再次返回主路行驶约1.1千米，前方等待你的将是❹科里蒂克斯餐厅→P.67的当地锦囊 **香煎大猪排和特色沙拉**。餐厅正对面的蜿蜒小路将引领你穿越侵蚀谷，长满龙舌兰的侵蚀谷中布满了大大小小的窑洞。你可以在宁静的❺沃托纳斯村→P.67休息一会儿。如果足够幸运的话，你能在这儿遇到

❻圣蒂斯塞吉纳斯教堂的守门人。再如果你成功借到教堂钥匙，请把摩托车停在路边，顺着侵蚀谷的小路参观这座别具一格的建筑。短暂游览过后，回到主路。继续向前行驶400米，你的面前是圣托里尼岛的❼希腊葡萄酒博物馆→P.69，这座古色古香的博物馆十分上镜。现在大约是16:00，沿机场方向行驶，你将拐过飞机跑道的北端，随后来到❽莫诺里霍斯→P.65，这里的沙滩是一绝，也是游泳戏水的好去处。

18:00 继续上路，你将沿海岸往卡马利方向骑行，并始终与机场跑道保持平行。路边有一个小标识指引你前往圣帕拉斯凯维海滩和❾格里尼酒店→P.56，请集中注意力，避免错过道路出口。酒店旗下的时光静好餐厅独自矗立在沙滩上，每天晚餐都为顾客提供新鲜打捞的海鱼，如此待遇难以在其他餐厅享受到。享用完海鲜大餐，继续前往2.5千米外的卡马利，在绝妙的❿卡马利露天影院→P.59看一场电影吧。星空璀璨、影片动人，这将是这次旅程中最美好的结尾。

❻ 圣蒂斯塞吉纳斯教堂

2千米

❼ 希腊葡萄酒博物馆

3.5千米

❽ 莫诺里霍斯

2.5千米

❾ 格里尼酒店

3千米

❿ 卡马利露天影院

圣托里尼岛最古老的教堂之一圣伊比斯科比教堂一隅

户外活动

圣托里尼岛实在不是运动爱好者的天堂：火山口无处提供风帆和冲浪项目；平坦的海岸缺乏保护措施，不适合下海游泳；东部斜坡地势不平，难以建造大型的体育中心；而且这个迷你小岛实在无处容纳高尔夫球场。

尽管存在上述种种缺陷，岛上的旅游项目依然丰富多彩。每年都有无数游客被岛屿的美景吸引，在海水中尽情嬉戏，在咖啡厅和酒吧里放松身心，在餐厅里畅享美食。执意要来一场运动之旅的游客或许得另寻他处。需要注意的是，岛上适合户外活动的时间相对较短，你只能在6—9月体验水上运动。除了潜水，这里的大多数运动并非是旅行的主题，但也是一种不错的调剂。

骑行

圣托里尼岛较大的温差、狭窄拥挤的街道和有限的面积对于单车旅行爱好者来说实在不是什么好消息。如若你喜欢山地骑行，花上一两天时间遍游小岛倒是个不错的选择。山地自行车租赁费用为10~15欧元一天，提供头盔护具，接受网上预订，可运送至客人所在的位置。卡马利，Odos M. Alexandrou 1 22 86 03 11 65 www.motorinn.gr。费拉的电动山地车冒险项目（MTB Adventures）还为游客提供电动山地自行车。69 80 28 94 53 www.santoriniadventures.gr

上图：海景泳池

尽管运动并非圣托里尼旅行的第一要义，但这座岛屿依然给运动爱好者、追求刺激的游客和身强体壮的年轻人提供了多种可能。

骑马

马厩远离尘嚣，身处原汁原味的自然环境中。马场的训导员兢兢业业，拥有超过20年的经验。马厩驯养了十余匹马，为游客提供短途骑行（¥ 17欧元）和150分钟场内骑行的服务。马场还为初学者精心打造了骑术教学。🏠 圣托里尼岛马场（Santorini Horseriding），伊索格尼亚（位于梅萨利亚一卡马利路段左侧，有路牌标识）🕒 大约每天11:00—13:00和17:00—20:00营业 📞 69 77 41 57 75

海上皮艇/立式桨板

圣托里尼岛的海上皮艇（📞 69 51 80 10 51 @ www.santoriniseakayak.com）是阿克罗蒂里海滩的经典项目，全程有导游进行引导和陪护。划艇生手可以参加较为简易的项目，即沿着南海岸线来一场划行之旅，全长7海里，耗时约5小时（¥ 80欧元）。

如果你有一定划船经验，也可以尝试从圣托里尼岛到锡拉夏岛的火山口路线，这条路线长达12海里（约22千米），耗时超8小时（¥ 175欧元）。如果你想尝试立桨冲浪，可以预订从阿克罗蒂里到维查德的往返冲浪旅行，全程需要3小时（¥ 60欧元）。

潜水

希腊各大海滩都提供浮潜项目，但仅有圣托里尼岛等少数岛屿的周边海域具备深潜的资格。这是因为希腊海底留有大量古代文物未被打捞，为防止其被破坏甚至窃取，大部分海域禁止深潜。@ www.scubagreece.com

在圣托里尼岛潜水的另一大亮点当属火山口潜水。潜水中心会根据游客的能力提供难度不一的潜水课程，初学者可参加为期3~4天的培训，费用为380欧元。半日浮潜项目价格为25欧元，深潜价格为55欧元。🏠 佩里萨的●圣托里尼岛潜水中心（Santorini Dive Center）☎ 22 86 08 30 80 🏠 卡马利的索特里奥潜水中心（Sotirioú Diving Center）☎ 22 86 03 31 77

网球

仅有少数酒店配备网球场，比方说卡斯特里度假村（Kastelli Resort ¥ €€€ ☎ 22 86 03 15 30 @ www.kastelliresort.com）和马卡里奥斯沙滩酒店（Makarios Beach ¥ € ☎ 22 86 03 13 75 @ www.makarios-hotel.gr）

上述酒店的球场仅供本店客人使用，非酒店房客可以前往卡特拉多斯的圣托里尼岛网球俱乐部酒店（Santoríni Tennis Club）租赁球场，单人入场费用为10欧元，双人15欧元，¥ €€ ☎ 22 86 02 21 22

徒步旅行

圣托里尼岛面积很小，你可以在一天之内遍游全岛。纵使路上没有标记，或者没有携带地图，你也很难在岛上迷路。可惜的是，岛上的土路和供骡子行走的小道越来越少，大多都被水泥路所替代。徒步过程中，有很多地方可以放松歇息，你只需带着水壶轻装上阵。一双结实防滑的鞋是徒步旅行的标配，可以有效地防止你在古老的鹅卵石小路上滑倒。岛屿日晒强度高，建议佩戴防晒装置。

滑水/帆板

盛夏时分，卡马利和佩里萨的海滩上会分别开一两个临时水上运动站点，为游客提供水上滑板和风帆装置。水上运动健将们可以体验到滑水、帆板、滑翔伞等惊险刺激的项目，还可以参加“林戈和芭娜娜之趣味滑行（Fun Rides of Ringos and Bananas）”活动。15分钟的滑水项目需花费25欧元，滑板和帆板租赁1小时收费25欧元，半天60欧元。固定的水上运动站点有卡马利海滩的水上乐园（Watersports Kamari Beach 🏠 卡马利海滩中部区域 ☎ 69 32 78 08 52 @ www.3sxsport.gr）以及佩里萨海滩南部的冲浪运动基地（Perissa Beach Wave Sports 🏠 位于佩里沃洛斯海滩，紧靠小辣椒海滩酒吧 ☎ 69 86 08 15 12 @ www.wavesports.gr）。这些站点还提供皮划艇体验项目。

保健/按摩

岛上的奢华酒店会在附属的小别墅中提供按摩服务，多数酒店则是开设理疗专区。以下两家位于伊亚的理疗馆则可对公众开放。●你可以选择前往卡尔德拉理疗中心（Caldera Massages 火山口边缘小道下方 22 86 07 19 83 @ www.spasantorini.com）或者是紧靠火山口边缘小道的至尊圣托里尼岛理疗馆（Premium Santorini Spa 开设在博物馆酒店内部 22 86 07 10 55 @ www.santorinipremiumspa.com）。卡尔德拉理疗中心位于熔岩壁的窑洞中，设计高雅，提供洗浴和理疗服务，客人们可以在阳台和房顶露台欣赏到火山口的亮丽景致，享受身心的全然放松。至尊圣托里尼岛理疗馆则远离尘嚣，庭院中的小型泳池给人私密而又亲切之感，店内的理疗和按摩服务更是一流。

在旅游旺季，部分推拿师会在卡马利、佩里萨和佩里沃洛斯等热门海滩流动作业。

当地锦囊 温泉鱼疗是圣托里尼岛的新风潮，整个理疗的过程中会有数只热带小鱼轻轻吸食脚上的死皮，具有舒适和健康的双重优点。你可以亲自在理疗馆询问相关服务项目。

游艇租赁

圣托里尼岛的游艇项目花样繁多，前往火山口的私人游艇●一日游最为常见。你可以在 @ www.santorini.com/sailing提前预订不同尺寸的机动艇和帆船艇。四人艇的日均租赁费用为500欧元起。

在圣托里尼岛徒步旅行之景——光彩绚丽，色彩明艳

带着孩子旅行

众所周知，圣托里尼岛并不是一个特别适合家庭旅行的岛屿。岛上并没有针对儿童开设的项目。不像其他的希腊岛屿，这里既没有游乐园和动物园，也没有迷你俱乐部或是儿童观光铁路。毕竟，对于圣托里尼岛来说，带孩子的家庭算不上是金主，从他们身上几乎无利可图。不过，费拉城区和旧港间的缆车及骑驴项目对孩子们来说依然是很大的诱惑。此外，从阿克罗蒂里到白沙滩的旅行也深受小朋友们欢迎，因为船只无法直接到达白沙滩，乘客只得在近岸的地方涉水而过，这对于小游客们实为一大趣事。

孩子们在圣托里尼出行也有一些需要注意的地方。首先，圣托里尼岛的海滩并不适合儿童玩耍，如果孩子们不想游泳的话，陡峭湿滑的沙滩并非好去处。其次，这里的古堡遗址和火山口边缘缺乏相关防护设施，因此在观景和登山时，家长需要时刻注意孩子们的安全。岛上缺乏人行道或是交通繁忙的地区对于孩子们来说同样充满危险，费拉的广场地段就是其中之一。圣托里尼岛的环境似乎对孩子有失关爱，但这儿的人们却对孩子充满爱心。与其他地区相比，圣托里尼岛对孩子们颇显宽容。如若小家伙们在餐厅或是露天影院吱哇乱叫，没有人会因此感到反感。此外，餐厅的桌布大多为纸质的，每走一桌客人便会更换一次，因此，孩子们就算调皮地在桌布上任意涂鸦也没有关系。

餐厅一般不提供特制的儿童餐具，不过在希腊，人们并不习惯独食，而是点一大桌子菜肴共享，所以这也不成问题。家长们可以为小家伙们要来一个空盘子，每道菜都给孩子们夹一点。在圣托里尼岛，挑食的孩子也不会饿着肚子，毕竟无处不在的意大利面和薯条令大多数孩子都无法抗拒。岛上所有的博物馆和景点都可供儿童免费参观，6岁以下的儿童可免费搭乘交通工具，6~12岁之间的孩子半价。事实上，售票员和导游对孩子

孩子们的出行并不受限——尽管圣托里尼岛各地都欢迎孩子们的到来，但也并没有对孩子们特殊照顾。

们的年龄都睁一只眼闭一只眼。

圣托里尼岛可以满足孩子们大部分的物质要求，家长们可以在超市或药店买到尿布和幼儿食品，每个售货亭都提供冰激凌和糖果。不过，有些东西你需要提前带好，比方说防晒霜、儿童蚊帐、拖鞋，还要防止孩子们被炙热的熔岩沙滩烫伤。最重要的是携带一些适合儿童体质的药物，因为在希腊，即使是一剂止咳糖浆就可以搞定的小感冒，医生也会开抗生素给孩子服用。

佩里萨及南部

希罗斯海滩（折页 E8）

对于年纪稍大的孩子，沙滩排球是不错的消遣。在●希罗斯海滩酒吧下方有一个小广场，可供游人免费使用。在孩子们尽情玩乐的时候，父母也得以忙里偷闲，好好享受冷饮。

佩里萨水上乐园（折页 G7）

这是圣托里尼岛唯一一个专门为孩子开设的水上乐园，泳池上方有三个水上滑梯。这里与希腊的其他岛屿，如克里特岛、科孚岛（Korfu）和罗德岛上的水上乐园相比，自然是小巫见大巫。🏠 位于Limnes区东部，距佩里萨—佩里沃洛斯海岸街道约160米 🕒 每天10:00—19:00营业 ¥ 门票加上水上滑梯共需9欧元

每月节庆与活动

与希腊的其他岛屿相比，圣托里尼岛的社区和协会更倾向于举办商业性活动。但是，岛民们对宗教依然心怀敬畏，所以教堂落成纪念日的古老传统才得以保留下来。今天的典礼已经舍去了烦琐的冗余程序，只进行最重要的环节。在典礼当天的早晨，岛上会进行一次规模盛大的礼拜。9:00左右，游行的队伍会庄严地将圣像请出教堂，并环绕教堂三圈。接下来就是献金仪式了，几分钟后，信徒们会聚集在庭院里大快朵颐。偶尔还会有舞蹈表演。岛上一年中最重要的节日当属复活节，不过具体的日期会根据儒略历（译者注：现代公历的前身）推移，所以岛上的很多节日都与欧洲同名节日的日期不尽相同。

节日/活动

2月/3月

玫瑰星期一：在这天，人们通常会去野餐、放风筝。

3月25日（国庆节）：1821年的这一天，希腊爆发了反土耳其侵略军的独立战争，同时宣布独立。每年这天，圣托里尼岛的孩子们会身着传统服装，在费拉的烈士纪念碑前表演民族舞蹈。

4月/5月

耶稣受难日：每年的这一天清晨，所有教堂里耶稣的象征性坟墓都会摆满花卉。大约在21:00，圣托里尼岛的各个地区都会组织游行。

圣星期六：23:00后，复活节弥撒正式开始。将近午夜时，除了永不熄灭的圣火，教堂里的所有蜡烛都会熄灭。午夜到来时，牧师会宣布耶稣复活，随后公众一齐点燃蜡烛，年轻人还会举行烟花表演进行庆祝。

复活节：在节日当天，希腊人喜食烤羊肉。人们常常很晚才吃午餐，其间伴随有奏乐、吟唱和舞蹈等活动。

5月21日：梅萨格尼亚的圣伊比斯科比教堂的落成典礼将于早上举行。

8月

8月15日：阿克罗蒂里、卡马利、梅加罗切利三地将举行盛大的教堂落成

在圣托里尼岛的系列节日中，带有文化性质的只占少数，宗教成为节日的重要主题，复活节则是其中最受期待的节日。

典礼，人们载歌载舞，其乐融融。

8月中旬：费拉将在8月中旬的某个晚上举办一场全民狂欢，音乐、舞蹈及各式民间艺术是这场晚会的主题。同时，费拉上空还会举行一场精美绝伦的焰火表演，象征着火山爆发。

9月

古典音乐节：来自世界各地的音乐家齐聚费拉的诺米科斯会议中心。

10月

10月19、20日：阿奇奥阿尔忒弥斯教堂的●当地锦囊 落成纪念日。19日晚上，圣徒们将自发聚集在教堂前，载歌载舞。第二天早上9:00左右将举行一场规模宏大的礼拜和短暂的绕殿游行。典礼结束后，所有的信徒和游客均可免费享受圣餐。

10月28日（第二个国庆节）：这一天也被称为希腊的“说‘不’纪念日”。1940年的这天，意大利法西斯政权向希腊发出最后通牒，要求希腊无条件投降，希腊在断然拒绝之后被卷入了第二次世界大战。

节庆日

1月1日	新年
1月6日	主显节
3月25日	国庆节、天使报喜节
5月1日	劳动节
8月15日	圣母升天节
10月28日	国庆节
12月25日	圣诞节

旅行随时查

网页/博客

www.marcopolo.de/mauritius　该网址是你的在线旅游指南，它包含了所有重要信息：旅行亮点、当地锦囊、活动路线规划、令人兴奋的新闻报道以及鼓舞人心的图册。

www.traum-santorin.de　该网站事无巨细地介绍了圣托里尼岛，你还可以在上面找到本指南作者的博客。你可以在上面浏览圣托里尼岛的优美风景照和餐厅指南，查询酒店和度假套餐的预订情况。

www.santorini.com　一个英文网站，欢迎世界各地的游客在上面查找酒店、汽车及游艇租赁、博物馆等相关信息。

www.santorini.net　该英文商业网站信息丰富，你可以在上面获取圣托里尼岛的相关资讯，也可以购买岛屿特产。

www.thirasia.gr　圣托里尼岛的姊妹岛——锡拉夏岛的官方网站。网站的版面精美，受欧盟资助，只可惜并没有实时更新动态。

www.culture.gr　希腊文化部英文官网，提供希腊各地博物馆和考古遗址的相关信息。

www.atlantis-scout.de　如果你对神秘的亚特兰蒂斯充满好奇，网站上的系列新闻和观点将带你探秘这个古老的国度。

www.santorini.gr　圣托里尼岛官网。

twitter.com/santorinigr　推特上的圣托里尼岛社区由岛上居民一同推出。

twitter.com/poemaweddings　圣托

无论是准备出行还是已到达，这些网址和信息都能够为您的旅行提供帮助。

里尼岛见证了来自世界各地新人的幸福时刻，即使时间已过数年，回看这些照片，柔情蜜意依旧会涌上心头。如果你正在寻找合适的婚礼地点，不妨来这儿看看。

www.visitgreece.com.gr 希腊国家旅游局官网。

www.gtp.gr 希腊全国的旅行信息，提供实时船舶时刻表。

short.travel/san2 提供TravelPod旅行博客用户的圣托里尼岛旅行日记和图片。

视频/音乐

short.travel/san3 55部关于圣托里尼岛的片子，由不同的摄影师发布到网上，除了室外风光，还有一些在博物馆内拍摄的录像。

short.travel/san4 生动有趣的视频，于2016年6月上传，时长6分钟，展示了亚洲游客所拍摄的系列岛屿照片。

short.travel/san5 值得一看，但不要模仿视频中跑酷大神Ryan Doyle（红牛哥）在屋顶做的一系列高危动作。

www.neasantorinis.gr/web_tv 当地电视节目的直播平台。

Apps

Santorini Greece 付费应用，支持英语和希腊语，全面收录了岛上所有地点、景点和海滩的相关信息，你还可以在上面比较酒店价格，查询淡季开放的旅游设施。

Santorini Exclusive 免费数字杂志，每年都会为读者介绍岛上最豪华、最别具一格和最舒适的酒店、餐厅及保健设施。

Aegean Divers 使用英语，介绍了同名潜水中心的系列服务，同时还提供圣托里尼岛海底世界的相关资讯及水下景观的影像资料。

实用信息

到达

中国国际航空公司有直飞希腊首都雅典的航班，没有直飞圣托里尼的航班。也可以通过其他航线转机。

从雅典到圣托里尼岛乘飞机只要45分钟。爱琴海航空相对便宜（¥ 往返65欧元起），虽然不是廉价航空，但会有取消航班、改时间等问题出现。奥林匹亚航空更好一些，但是价格更贵。这些飞机一般都不大。机场有巴士到费拉（⏲ 7:00—21:00 ¥ 1.8欧元），在这里你可以换乘到其他城镇的公共汽车。出租车也通常在机场等候，圣托里尼岛的许多酒店提供机场接送服务，通常是比出租车贵一些，但是很值得，比出租车方便很多。

圣托里尼岛在旅游旺季，每天都有往返各个小岛的轮船，从雅典的彼雷埃夫斯港口到圣托里尼岛乘坐高速渡轮需要6小时，慢船8个小时，费用37.5~52.5欧元不等。上岛后，可以换乘公交车或出租车前往伊亚、费拉和其他地方。所有车辆都要爬一个很陡的盘山公路。海运与天气密切相关，所以出于安全考虑，特别是在冬天或下雨的天气里，可能会延迟或取消船次，要时刻关注轮船信息。

绿色出行

旅行时，您也可以改变世界，比如时刻提醒自己在旅程中尽量选择较少二氧化碳排放的交通方式，学习如何以环保的方式规划您的路线。同时也要注意，尽量保护旅行国家的自然和文化。作为游客，保护自然环境、保护区域特色、减少自驾、节约用水等保护生态环境的举措是非常重要的，请务必多加关注。

汽车/摩托车

市区限速50千米/小时，乡村街道限速90千米/小时。坐在汽车前排的乘客需系安全带，乘坐摩托车需要佩戴头盔。汽车驾驶员每100毫升血液中酒精含量不得大于50毫克，摩托车司机不得大于20毫克，否则视为酒驾。圣托里尼岛对交通违规的处罚力度很大，光是车辆停放不当就需缴纳60欧元以上的罚金。

游泳

相比爱琴海上其他海岛，圣托里尼岛并不是海滩假日的最佳去处。岛屿西侧，只有伊亚和阿克罗蒂里的海滩可供游人下海游泳，朝向爱琴海公海一侧的沙滩则遍布石块，游人根本无法赤脚在海滩上行走。圣托里尼岛的海岸大多很陡峭，并不适合儿童玩耍和游人踏浪嬉戏。只有卡马利、佩里萨、佩里沃洛斯和莫诺里霍斯几大热门沙滩开设救助站，但救生员并非时时到岗。

从开始到结束：旅行中不可或缺的信息。

公交汽车

首府费拉是公交汽车的枢纽站，你可乘坐公交车前往岛上的各个地方和重要的港口。你可以在 @ www.ktel-santorini.gr上查询到公交车的实时状态和票价。在旅游旺季，还有巴士在维查德和佩里沃洛斯海滩之间往返。岛上的公交车票价十分便宜，乘客上车购票。从费拉到卡马利路段1.8欧元，费拉到佩里萨路段2.4欧元，费拉到阿克罗蒂里路段需1.8欧元。从港口开往费拉的车次，会等待夜间所有到岸的船。

露营

费拉和佩里萨有专门的广场供人们露营，阿克罗蒂里的露营广场在离城区1千米左右的地方。需要注意的是，圣托里尼岛上不允许随地野营。

驻外机构

中国驻希腊大使馆

2A，Krinon Str.，15452 P.Psychico，雅典（Athens）21 06 72 32 82，@ gr.china-embassy.org/chn/。

入境

希腊法律规定其驻外使领馆发签证时应考虑公共秩序、国家安全以及公共卫生等因素，可拒发签证，如申请人不是欧盟公民的配偶、未成年子女或父母，拒签不需说明理由。签证停留期一般为3个月。希腊属于申根区，持有申根签证的中国公民可以畅通无阻地在希腊以及其他申根国家旅行。

门票

每年11月到次年3月每个月的第一个周日、法定节假日、3月6日、9月的最后一个周末、5月的世界博物馆日、4月的欧洲文化遗产日以及6月的世界环境日，景点一般免费。

拍照

最好准备好足够的胶片、储存卡和电池，因为岛上摄影器材的售价十分昂贵。在教堂和考古遗址拍照需要谨慎，征求管理人员许可。

货币/价格

希腊使用欧元。你可以使用电子卡、万事达和信用卡提取现金，银行和邮局也支持支票兑现。银行营业时间为周一至周四8:00—14:00，周五8:00—14:00。

超市日用品的价格普遍比中国高。如果你不追求奢华酒店，岛上住宿也很实惠。

行李寄存

可以在公交车站的售票亭寄存行李，每小时收费2欧元。

健康

岛上医生训练有素，可为游客提供良好的基本医疗保障，但复杂的医疗设备仍有缺失。国家健康中心 🏠 费拉，位于汽车总站下方50米的主路 ☎ 22 86 02 33 33，是一家24小时营业的小型医院。

在紧急情况下，游客也可免费搭乘直升机飞往雅典或是克里特岛的伊拉克里奥就诊。

为确保治疗效果，最好在出发前购买私人境外医疗保险，这样一来，你就可以不受限制地选择医生，务必记得保留收据，回国后可报销费用。

基克拉泽斯医疗中心（Medical Emergency of the Cyclades）是一家全天候营业的诊所 ☎ 22 86 03 22 81，总部位于梅萨利亚。

岛上药店的库存充足。在费拉的广场附近有3家药店，在安坡里奥、卡马利和梅萨利亚也分布着数家药店。

Wi-Fi

岛上绝大多数咖啡馆、酒吧和餐厅都提供免费的、方便快捷的Wi-Fi服务。多数酒店也不例外，但少数豪华酒店需要额外收取网费。

气候/出行时间

每年5—10月是圣托里尼岛的旅游旺季，其他时候的酒店和餐厅大多都不营业。5月适逢岛上最美丽的时节，春意正浓，花草繁茂，但此时的海水仍然很凉，不适宜下海游泳。七八月份，岛上的最高温度可飙升至30℃以上，夜间温度几乎不下20℃。而在初秋，海水温暖，气候宜人，但此季节易引发火灾，存在安全隐患，烧焦的植被也在一定程度上影响了岛屿景观。

圣托里尼岛在6—8月中十分干燥，极少降水，但你还是需要备上一件雨衣，以防突如其来的雷雨。仲夏时节，海风十分强劲，随身携带薄外套或是毛衣也是个不错的选择。纵使天气凉爽，岛上的日晒依然强烈，务必做好防晒措施！

自来水

在费拉和伊亚以外的地区，自来水都不能直接饮用，但用于洗漱和冲洗水果还是没有问题的。这是因为费拉、伊亚两地的水由海水淡化厂供给，其他地区则直接从地下水井汲水。

车辆租赁

在圣托里尼岛的各大度假村，无论是自行车、三轮或四轮摩托车，还是迷你小车、轿车和吉普车，都可供游客租赁。租车价格会根据季节浮动，比如在5月份，每周150欧元即可租到一辆小型轿车，到了8月份则需要350欧元。

如果你所租用的车辆体积超过50立方厘米，则需要出示相应级别的驾驶证件。根据不同租车公司的规定，租赁人需年满21或23周岁（50立方厘米以上规格的摩托车要求年满18周岁）。

需要注意的是，即使你租赁的汽车买了综合保险，但车辆轮胎和底盘的损坏并不在赔偿范围内。如若在租用过程中发生了交通事故，无论事故大小都务必要报警，因为保险并不会涵盖所有的事故类型。

蚊虫

圣托里尼岛的蚊子十分凶猛，请准备好防蚊药剂和止痒软膏。

邮局

在费拉、阿克罗蒂里、卡马利、梅萨利亚、伊亚和佩里萨都设有邮局或私人邮政代办处。营业时间为工作日7:30—15:00。

吸烟

在航站楼、餐厅、酒吧、夜总会和船舶的密闭空间内禁止吸烟。

语言

希腊人向来以他们独一无二的文字为荣，在希腊的铭牌和路标上通常还会使用拉丁语。无论如何，了解希腊的字母对认识这门语言都大有帮助。希腊单词的重音大多加在元音上，而重音正确与否对表达的理解效果起着至关重要的作用。由于缺乏相关标准，很难用拉丁文给希腊字母标注音标。因此，一个地名在不同地区可能会有不同的读音。

昼长

希腊的冬季较长，夏季较短。在希腊，1月的太阳约在早上7:45左右升起，日落时间为17:15。而在6月，早上6:10左右日出，直到20:50才日落。

出租车

可以在街上或在候客区搭乘出租车，也可以电话叫车。在费拉和机场都有专门的出租车停车场。出租车价格有国家规定，相对较低。虽然司机一般都讲诚信，但最好还是在出发前

它们值多少钱

咖啡	约2.5欧元 一杯摩卡咖啡
葡萄酒	约3.8欧元 一杯餐桌酒
理疗	约25欧元 一次沙滩按摩
小吃	约2.5欧元 一个沙威玛（Gyros）
汽油	约1.65欧元 1升超级无铅汽油
郊游	约35欧元 观光巴士一日游

问好价格。从费拉到机场的路程大概需要14欧元，从费拉到阿希尼奥斯港口则大概需要18欧元。

通信

在国外使用固定电话十分昂贵，因此几乎无人使用。较为实惠的电话亭虽然随处可见，但很多都年久失修，无法使用。所以，在你花4欧元购买电话卡时，需要确保周边是否有可以使用的电话亭。除此之外，你还可以在免费提供Wi-Fi的地方使用微信聊天软件进行通信。

移动电话在希腊同样被广泛普及。圣托里尼岛的信号很不错，不过，如果你想要频繁地使用手机通信，最好在岛上的电信商店购买SIM卡（Cosmote、Wind、Vodafone分别是希腊三大运营商）。购买时需要出示身份证或护照。希腊的区号是0030，中国的区号是0086。如果你要在希腊拨打跨国电话，需要先拨“国际代码+目的地区号（去掉第一个0）+电话号码”。进行希腊国内通话则简单很多，输入完整的区号和电话号码即可。

小费

在希腊，小费为50欧分起。在餐厅时，人们通常不会在结账时直接凑

圣托里尼岛天气

	1月	2月	3月	4月	5月	6月	7月	8月	9月	10月	11月	12月
日间气温（°C）	15	15	17	20	24	28	31	31	28	24	20	17
夜间气温（°C）	9	9	10	13	16	20	22	23	21	17	13	10
每天日照时长	5	5	7	9	10	12	13	12	11	8	6	4
每月降雨天数	12	9	7	3	2	0	0	0	1	5	6	11
水温（℃）	17	16	16	17	19	21	23	25	24	22	20	18

☀每天日照时长 ☂每月降雨天数 ≋水温（℃）

整，而是把找回的零钱给服务员，或把小费留在桌子上。

时差

中国属东八区，希腊属东二区。执行夏令时的时候（每年3月最后一个周日至10月最后一个周日之间），希腊比中国慢5个小时，其他时间比中国慢6个小时。

旅行纪念品/退税

岛上到处都可以看到工艺品店和首饰店，费拉镇的悬崖边有上百家的珠宝店。买一副圣托里尼的照片或者画，框好挂在自己的家中就犹如把圣岛的风景也搬回了家。还有很多火山石手工艺品、手工金饰品、传统服饰、土特产等，都是不错的选择。

很多商店的商品都可以退税，只要看到“TAX FREE”这个标志，所购买的商品都可以在离开希腊的时候退税。购买退税的商品后需要填写退税表格、护照和个人信息，在离开欧盟国家时，拿着退税单到机场退税。非欧盟国家的游客在希腊购物出境时是能退税的。退税有3种基本的方式：现金退税，信用卡退税，以及最新的支付宝退税。无论您是在机场还是在退税点退税都要收取手续费，4欧元起。

渡轮

从比雷埃夫斯（Piraeus）搭乘渡轮经过帕罗斯（Paros）和纳克索斯（Naxos）可以到达圣托里尼的阿希尼奥斯港。基克拉泽斯群岛各主要岛屿都有渡轮来往圣托里尼岛。在旅游旺季，每天还有渡轮航线连接圣托里尼和克里特岛（Crete）的伊拉克利翁（Heraklion）。如果乘坐高速双体船，从比雷埃夫斯到圣托里尼的航程只需4.5小时。主要运营商是蓝星渡轮公司（@ www.bluestarferries.com）。从圣托里尼岛的阿希尼奥斯港外可以搭乘公共交通或者出租车到达伊亚、费拉等岛上主要居民点，从港口出发要经过一段有在高耸的峭壁上不断盘旋上升的路，有惊无险。

乘船旅行在冬季和雨季经常会受天气的影响，要记得确认渡轮的出发时间。

教你当地话

希腊字母

希腊字母是希腊语所使用的字母，也广泛应用于数学、物理、生物、化学、天文等学科。希腊字母跟英文字母、俄文字母类似，只是符号不同，标音的性质是一样的。希腊字母是世界上最早有元音的字母。俄语、乌克兰语等使用的西里尔字母都是由希腊字母发展而来的。

以下是希腊语大小写字母和与之相同的英语发音。

Α	α	(a)	Η	η	(f)	Ν	ν	(n)	Τ	τ	(t)
Β	β	(v)	Θ	θ	(th)	Ξ	ξ	(x)	Υ	υ	(ee)
Γ	γ	(y)	Ι	ι	(ee)	Ο	ο	(o)	Φ	φ	(f)
Δ	δ	(th)	Κ	κ	(k)	Π	л	(p)	Χ	χ	(h)
Ε	ε	(e)	Λ	λ	(l)	Ρ	ρ	(r)	Ψ	ψ	(ps)
Ζ	ζ	(z)	Μ	μ	(m)	Σ	σ, ς	(s)	Ω	ώ	(o)

常用表达

是/不是/也许	ναι / ό χι / ίσως
请不要客气/谢谢！	παρακαλ ώ/ ευχαριστ ώ
抱歉！	Συγν ώ μη !
打扰一下！	Με σ υγχωρείτε !
我能……吗？	Επιτρέπεται ...?
请您再说一遍？	Ορίστε ?
我想要……/您有……吗？	Θέλω .../ Έ χετε ...?
……多少钱？	Π ό σο κάνει ...?
我（不）喜欢……	Αυτ ό (δεν) μου αρέσει ...
好/不好	καλ ό/ κακ ό
太多了/多/少	πάρα πολ ύ/ πολ ύ/ λίγο
所有的/完全没有的	ό λα / τίποτα
救命！/警告！/小心！	Βοήθεια !/ Προσοχή !/ Προσοχή !
救火车	Ασθενοφ ό ρο
警察/消防员	Αστυνομία / Πυροσβεστική
禁忌/禁止做……	Απαγ ό ρευση / απαγορέυεται ...
危险/危险的	Κίνδυνος / επικίνδυνος

您会说希腊语吗？
这里有重要的常用词汇和表达方式。

问候/告别

早上好/你好/晚上好/晚安！	Καλημέρα !/ Καλημέρα !/ Καλησπέρα !/ Καληνύχτα !
你好！/再见！/拜拜！	Γεία (σου / σας)!/Αντίο !/ Γεία (σου / σας)!
我叫（名字）……	Με λένε …
您叫什么名字？	Πως σας λένε ?

日期/时间

周一/周二	Δευτέρα / Τρίτη
周三/周四	Τετάρτη / Πέμπτη
周五/周六	Παρασκευή / Σάββατο
周日/工作日	Κυριακή / Εργάσιμη
今天/明天/昨天	Σήμερα / Αύριο / Χτες
现在几点了？	Τι ώρα είναι ?

在路上

开门/关门	ανοικτό/ κλειστό
入口大门/车辆入口	Έισοδος / Έισοδος οχημάτων
出口大门/车辆出口	Έξοδος / Έξοδος οχημάτων
起飞/降落/到达	Αναχώρηση / Αναχώρηση /Άφιξη
卫生间/女士/先生	Τουαλέτες / Γυναικών / Ανδρών
（非）饮用水	Πόσιμο νερό
……在哪儿（单数）/（复数）？	Πού είναι / Πού είναι …?
公交车/出租车	Λεωφορείο / Ταξί
城市地图/地图	Χάρτης της πόλης / Χάρτης
港口	Λιμάνι
机场	Αεροδρόμιο
时刻表/车票	Δρομολόγιο / Εισιτήριο
我想要租……	Θέλω να νοικιάσω …
汽车/自行车/小船	ένα αυτοκίνητο / ένα ποδήλατο / μία βάρκα
加油站	Βενζινάδικο
汽油/柴油	Βενζίνη / Ντίζελ

美食

请给我们一张四人桌。	Κλείστε μας παρακαλ ώ ένα τραπέζι γιά απ ό ψε γιά τέσσερα άτομα .
请拿菜单。	Τον κατάλογο παρακαλ ώ.
我可以点……吗?	Θα ήθελα να έχο …?
加冰/不加冰/加气泡	με / χωρίς πάγο / ανθρακικ ό
素食主义者/过敏	Χορτοφάγος / Αλλεργία
请结账。	Θέλω να πληρ ώ σω παρακαλ ώ.

购物

请问……在哪儿?	Που θα βρω …?
药店/药妆店	Φαρμακείο / Κατάστημα καλλυντικ ώ ν
面包店/市场	Φο ύ ρνος / Αγορά
生活用品商店	Παντοπωλείο
售票亭	Περίπτερο
贵/便宜/价格	ακριβ ό ς / φτην ό ς / Τιμή
更多/更少	πι ό/ λιγ ό τερο

住宿

我定了房间。	Κράτησα ένα δωμάτιο .
请问还有……吗?	Έ χετε ακ ό μα …?
单人间	Μον ό κλινο
双人间	Δίκλινο
钥匙	Κλειδί
房卡	Ηλεκτρονικ ό κλειδί

健康

医生/牙医/儿童医生	Ιατρ ό ς / Οδοντογιατρ ό ς / Παιδίατρος
医院/急诊室	Νοσοκομείο / Ιατρικ ό κέντρο
发烧/疼痛	Πυρετ ό ς / Π ό νος
腹泻/反胃	Διάρροια / Αναγο ύ λα
中暑	Ηλιακ ό έγκαυμα
发炎/受伤	μολυμένο / πληγωμένο
止痛剂/止疼片	Παυσίπονο / Χάπι

电话交际/媒体

邮票/信	Γραμματ ό σημο / Γράμμα
明信片	Καρτ - ποστάλ
我需要一张固定电话卡。	Χρειάζομαι μία τηλεκάρτα για δημ ό σιο τηλεφωνικ ό θάλαμο .
我想要一张手机预付卡。	Θα ήθελα μία κάρτα για το κινητ ό μου .
请问Wi-Fi密码是多少?	Που μπορ ώ να βρω πρ ό σβαση στο ίν τερνετ ?
插座/适配器/充电器	πρίζα / αντάπτορας / φορτιστής
电脑/电池/蓄电池	Υπολογιστής / μπαταρία / επαναφορτιζ ό μενη μπαταρία
网络连接/ Wi-Fi	Σ ύ νδεση σε ασ ύ ρματο δίκτυο /Wi-Fi

休闲、运动/沙滩

海滩	Παραλία
遮阳伞/躺椅	Ομπρέλα / Ξαπλ ώ στρα

数字

0	μηδέν
1	ένα
2	δ ύ ο
3	τρία
4	τέσσερα
5	πέντε
6	έξι
7	εφτά
8	οχτ ώ
9	εννέα
10	δέκα
11	ένδεκα
12	δ ώ δεκα
20	είκοσι
50	πενήντα
100	εκατ ό
200	διακ ό σια
1000	χίλια
10000	δέκα χιλιάδες

索引

在此可查询书中涉及的重要人名、地名和其他专有名词，后附相关页码。

图片来源

封面图片：伊亚，带钟楼和圆顶的教堂 （Look/TerraVista）

图　　片：K. Botig（P.5右上）；Caldera Massages Studio: Antonio Totev（P.20下）；Getty Images：A. Gioumpasis（P.22/23）；Getty Images/AWL Images（P.46，P.89）；Getty Images/Cultura：G. u. M. David de Lossy（P.106/107）；Getty Images/Moment Open：J. Villasis（P.3）；Getty Images/National Geographic Creative：R. Touzon（P.94/95）；R. Hackenberg（P.6上，P.15，P.19，P.36，P.70/71，P.83）；huber-images：J. Huber（P.114上），H.-J.Jockschat（P.17），R. Massimo（P.31左，P.66）；IKIES Traditional Houses：Cathy Cunliffe（P.20上）；Laif：Tophoven（P.112/113）；Laif/IML（P.92/93）；Laif/Polaris：M. Kouri（P.73）；Look：H. Bias（P.27），F. Werner（P.114上）；Look/TerraVista（P.1）；mauritius images：D. Ball（P.113）；mauritius images/ACORN 1/Alamy（P.32）；mauritius images/age：C. Canbay（P.13）；mauritius images/AGF：V. Valletta（P.58，P.84/85）；mauritius images/Alamy：R. Cummins（P.16），M. Fairman（P.18），B. Kean（P.105），W. Linden（P.52/53，P.63），M.J. Mayo（P.28/29），M. Peerbacus（P.20中，P.97），N. Pitt（P.46），S. Reddy（P.7，P.31右）；mauritius images/Alamy/AegeanPhoto（P.86）；mauritius images/Alamy/Hackenberg-Photo-Cologne（P.51）；mauritius images/Alamy/TNT Magazine（P.61）；mauritius images/imagebroker：Handl（P.77）；mauritius images/Pixelstock/Alamy （P.21上）；picture-alliance: R. Hackenberg（P.41，P.57）；picture-alliance/dpa-Zentralbild：D. Gammert（P.38/39）；D. Renckhoff（P.30，P.32/33，P.33，P.54，P.112，P.115）；SanotriniPhototours.com：Olaf Reinen（P.21下）；Schapowalow：G. Cozzi（P.10/11，P.34/35）；Schapowalow/SIME：J. Huber（P.8/9）；T. Stankiewicz（P.15，P.25，P.42，P.64，P.78，P.81，P.90，P.109，P.110，P.111）；vario images/Cultura（P.110/111）；vario images/imageBROKER（P.6下，P.48，P.69，P.74，P.100）

本书地图系原版书地图。

find joy in the journey

在旅行
Traveling

find joy in the journey

禁忌事项

贪杯

葡萄酒虽好，一旦贪杯就格外危险。当司机血液酒精含量超过50mg/100ml——有的地方甚至规定为20mg/100ml，将会被视为酒驾。如此付出的代价十分昂贵：155欧元及以上的罚款，同时还会被吊销驾照。

少量多次取款

无论你在自动取款机上取多少钱，你的账户都会被额外扣除4~6欧元的服务费用。这可不是一个小数目，最好的解决办法就是，一次性多取些钱，总比少量多次的取款方式来得划算。

大手大脚花钱

初来乍到，千万别头脑发热地报名参加巴士观光项目，因为你很快就会发现，专线公交车同样能将你送到任何一个景点，就连打车的费用也会比旅游大巴便宜六成以上。若你想租车体验自驾游的乐趣，务必在签订租赁合同前货比三家。

行色匆匆

其他各国的景点大多都充斥着行色匆匆的游客，希腊却截然不同，始终为客人们营造轻松悠闲的环境。就算一家小店里顾客稀少，或者人们点一瓶啤酒一坐就是一天，店家依旧不急不恼。

期待新鲜鱿鱼

鱿鱼是最受游客和希腊人喜爱的食物。但事实上，这些餐桌上的宠儿并不新鲜，它们并不是来自地中海、爱琴海，通常是从东亚地区冷冻进口的。这些鱿鱼味道可口，但绝不是什么稀罕物。

盲目订购海鲜

岛上的鲜鱼价格颇高，按斤称重。你应该事先询问好单价，同时，在称重的时候，请你务必在侧。否则，你在付款的时候可能会大吃一惊。

穿着不注意场合

在海滩或滨海地区，不会有人对比基尼之类的穿着评头论足。若你在教堂中，穿着则不宜过于清凉，衣长最好过膝，但是否露肩就无所谓了。在希腊，除了克里特岛、罗德岛和米克诺斯岛的个别海滩，其他地方都禁止裸泳，圣托里尼岛也不例外。